Byzanz

Eine weibliche Personifikation Konstantinopels (Elfenbein, 5. Jahrhundert).

Istanbul und Galata aus der Vogelperspektive (türkische Miniatur von 1537/38). Galata (Pera), heute ein Stadtteil von Istanbul, liegt nur wenige hundert Meter entfernt von der ehemaligen Stadt Konstantinopel auf der Nordseite des Goldenen Horns.

Arne Effenberger
Michael Grünbart
Ewald Kislinger
Ralph-Johannes Lilie
Mischa Meier
Christoph K. Neumann
Johannes Pahlitzsch
Bernd Schneidmüller
Michael Sommer
Martin Marko Vučetić

Byzanz

Herausgegeben in Zusammenarbeit mit DAMALS – Das Magazin für Geschichte

Abbildungsnachweis
AKG S. 1, S. 2–3, S. 7, S. 8, S. 9, S. 10, S. 11 oben, S. 12, S. 14, S. 17, S. 18, S. 22, S. 30, S. 31, S. 32, S. 34, S. 35, S. 37, S. 42, S. 44, S. 46, S. 50, S. 52 oben, S. 55, S. 57, S. 58, S. 60, S. 65, S. 66, S. 67, S. 68 oben, S. 69, S. 70, S. 73, S. 74, S. 75, S. 76, S. 77, S. 79, S. 81, S. 83, S. 85, S. 86, S. 89, S. 90, S. 93, S. 94, S. 97, S. 103, S. 104, S. 113, S. 119, S. 120, S. 121 oben und unten, S. 124 unten, S. 126; *Art Archive / Picture Desk* S. 11 unten, S. 29, S. 45, S. 51, S. 52 unten, S. 53, S. 56, S. 62, S. 87, S. 92, S. 99, S. 109, S. 110; *Avenue Images* S. 102 oben; *Bildagentur Huber* S. 101; *BPK* S. 15, S. 27, S. 33, S. 36, S. 82; *Bridgeman* S. 23, S. 47, S. 61, S. 63 oben und unten, S. 72, S. 78, S. 114; *Friedrich-Alexander-Universität Erlangen-Nürnberg* S. 102 unten; *Interfoto* S. 21, S. 24, S. 25, S. 26, S. 39, S. 43, S. 48, S. 84, S. 88, S. 107, S. 108, S. 111, S. 116, S. 117, S. 118, S. 123; *Premium* S. 96; *Ullstein* S. 13, S. 106, S. 122, S. 124 oben, S. 125.
Schemazeichnung S. 59, nach: Stiegemann, Christoph (Hrsg.): Byzanz – Das Licht aus dem Osten. Kult und Alltag im Byzantinischen Reich vom 4. bis 15. Jahrhundert, Philipp von Zabern, Mainz 2001, S. 5. Brustkreuz aus Pliska, S. 80: Archäologisches Institut mit Museum der Bulgarischen Akademie der Wissenschaften – Sofia, Bulgarien, nach: „Byzanz. Pracht und Alltag". Hirmer, München 2010, S. 92.
Karten: Peter Palm, S. 19, S. 40–41, S. 68 unten, S. 95

Die Deutsche Nationalbibliothek verzeichnet diese Publikation in der Deutschen Nationalbibliografie; detaillierte bibliografische Daten sind im Internet über http://dnb.d-nb.de abrufbar.

Der Theiss Verlag ist ein Imprint der WBG.

Die Herausgabe des Werkes wurde durch die Vereinsmitglieder der WBG ermöglicht.

Lektorat: Redaktion DAMALS
Bildrecherche: Carsten Felker
Layout, Satz und Prepress: schreiberVIS, Seeheim
Umschlaggestaltung: Stefan Schmid Design, Stuttgart
Umschlagabbildung: „Kaiser Konstantin IX. Monomachos". Ausschnitt aus dem Mosaik „Thronender Christus zwischen Kaiser Konstantin IX. Monomachos und Kaiserin Zoe". Byzantinisch, nach 1028. Istanbul, Hagia Sophia, Südgalerie, © akg-images / Erich Lessing
Gedruckt auf säurefreiem und alterungsbeständigem Papier
Printed in Germany

Besuchen Sie uns im Internet: www.wbg-wissenverbindet.de

ISBN 978-3-8062-2966-0

Inhalt

Ein einzigartiges Reich

Ein Imperium, das über 1000 Jahre besteht und lange Zeit davon die Geschicke der umliegenden Völker maßgeblich bestimmt, muss im Kern sehr fest gefügt sein. Das Byzantinische Reich verfügte über diese Qualität. Bevor es nach einem langen Prozess des Verfalls 1453 von den Osmanen erobert wurde, hatte es vom Ausgang der Antike bis ins hohe Mittelalter hinein jahrhundertelang das Mittelmeer beherrscht. „Zweites Rom" oder „Neues Rom" wird Byzanz bis heute genannt. In der Tat setzte es das Römische Reich bruchlos fort, nur dass die Kapitale nun Konstantinopel hieß und die Kaiser am Bosporus residierten statt am Tiber.

Die byzantinischen Kaiser konnten ihren Herrschaftsanspruch in ununterbrochener Folge von ihren römischen Vorgängern ableiten. Das verlieh ihnen eine besondere Autorität und unterschied sie grundsätzlich von allen anderen Reichen, die nach dem Ende des Weströmischen Reichs in dessen ehemaligem Herrschaftsbereich und darüber hinaus entstanden waren. Es erhob die Kaiser in Konstantinopel im Rang über die anderen Herrscher – auch über die aufkommenden, ebenfalls christlichen Konkurrenten des Westens, nachdem Karl der Große im Jahr 800 dort ein eigenes Kaisertum begründet hatte.

So groß war das Selbstbewusstsein der Byzantiner, dass sie auf alle anderen Völker hinabblickten. Über viele Generationen schien das, was Byzanz darstellte, ihnen recht zu geben: So wuchs Konstantinopel, 330 von Konstantin dem Großen zur Hauptresidenz erhoben, zu einer prachtvollen, reichen und lange Zeit uneinnehmbaren Metropole heran. Es entwickelte sich sogar zur größten Stadt des Mittelalters, in der die Warenströme zusammenliefen – Getreide aus Ägypten, Wein von den griechischen Inseln, Seide aus Syrien, Schlachtvieh aus Kleinasien, Pelze aus dem Schwarzmeerraum. Gab es einen besseren Beweis für die Bedeutung dieses Imperiums?

In diesem Band beschreiben namhafte Autoren das Byzantinische Reich unter verschiedenen Blickwinkeln: So folgen wir der politischen Geschichte von den Anfängen über die allmähliche Verwandlung in ein griechisch-hellenistisch geprägtes Reich sowie die Blütezeiten als regionale Vormacht bis hin zu den Jahrhunderten der Defensive und des allmählichen Niedergangs. Wir beleuchten ebenso die grundlegenden Rechtsreformen durch Kaiser Justinian wie das Ringen um den richtigen Glauben und die spätere Trennung in West- und Ostkirche. Auch stellen wir die byzantinische Kunst vor, Spiegel einer vom christlichen Weltbild durchdrungenen Gesellschaft. Wir werfen darüber hinaus einen Blick in die byzantinische Alltagsgeschichte und präsentieren das ausgefeilte Hofzeremoniell der Kaiser.

Obwohl die Kaiseridee selbst in Byzanz niemals strittig war, wechselten die Herrscher oft in rascher Folge. Die gewaltsame Übernahme der Macht war ein Kennzeichen des Byzantinischen Reichs. Bereitschaft und Neigung der Byzantiner, sich in internen Machtkämpfen zu verschleißen, sollten in den Zeiten des wirtschaftlichen und militärischen Niedergangs maßgeblich zur dauerhaften Schwächung der noch verbliebenen Reichsteile beitragen.

Die größten Gefahren erwuchsen dem Reich aber von außen: Byzanz war umgeben von Feinden, und es wurden immer mehr. Dem kraftzehrenden Ringen mit den sassanidischen Persern, denen es gelang, sich für kurze Zeit die reichen oströmischen Provinzen Ägypten und Syrien anzueignen, folgte der anhaltende Druck der muslimischen Expansion – zweimal belagerten die Araber sogar Konstantinopel. 1204 plünderten ausgerechnet die christlichen Kreuzfahrer die Stadt und errichteten dort für rund 60 Jahre ein lateinisches Kaiserreich. Von diesem schweren Schlag erholte sich Byzanz nie wieder ganz. Die osmanischen Türken bemächtigten sich schließlich der kümmerlichen Reste der arg geschrumpften einstigen Großmacht.

Mit dem Byzantinischen Reich ging auch das antike Kaisertum endgültig unter. Zahlreiche Hinterlassenschaften – materielle wie Kunst und Architektur sowie immaterielle wie etwa das Römische Recht in Gestalt des Corpus Iuris Civilis – zeugen allerdings noch heute von diesem einzigartigen Imperium.

Stefan Bergmann
Chefredakteur des Geschichtsmagazins DAMALS

Konstantin und seine neue Residenz

Münzbildnis Konstantins des Großen (306–337). Der Gründer der neuen Residenz am Bosporus trägt im Helm das Christus-Monogramm.

Rom ist dort, wo der Kaiser ist

Michael Sommer

Als der römische Kaiser Konstantin 330 Konstantinopel einweihte, hatte das alte Rom seine Vormachtstellung längst eingebüßt. Dass Konstantin seine neue Residenz am Bosporus bewusst als christliche Metropole gestaltete, ist so zweifelhaft wie die Annahme, er sei ein durch und durch christlicher Herrscher gewesen.

Am 11. Mai 330 n. Chr. versammelte sich eine jubelnde Menschenmenge auf dem Forum von Byzantion, das an diesem Tag offiziell den Namen Konstantinopolis erhielt: Stadt des Konstantin. In der Mitte des Forums, am höchsten Punkt der Stadt, erhob sich die bis heute erhaltene Säule aus Porphyr, damals bekrönt von einer Statue des Kaisers. Im Fundament der Säule, so munkelt man, sei das Palladium vergraben, jenes Kultbild der Göttin Athena, das Rom, die alte Hauptstadt, über Jahrhunderte so wirksam beschützt hatte. Eusebios, der Biograph Kaiser Konstantins – selbst Christ sowie Bischof der palästinischen Großstadt Caesarea (Kaisareia) –, versichert, der Kaiser habe seine neue Residenz von Anfang an als christliche Metropole geplant. Konstantinopel sei eine Stadt der Kirchen, nicht der Tempel; heidnische Riten habe man vorsorglich sogleich verboten. Zweifel an dieser Darstellung sind erlaubt: Der im späten 5. Jahrhundert lebende Historiker Zosimos berichtet, Eusebios widersprechend, Konstantin habe am neuen Forum gleich zwei Tempel bauen lassen. Und womöglich hatten heidnische Auguren sogar den Tag für die Gründung bestimmt. Johannes Chrysostomos, der 397 Bischof von Konstantinopel wurde, fühlte sich sogar noch an der Wende zum 5. Jahrhundert bemüßigt, gegen heidnische Umtriebe in der östlichen Hauptstadt zu wettern.

Ohne das alte Vorbild ist die Stadt am Bosporus nicht denkbar

Ein seltsames Dunkel umhüllt die Gründung der Stadt, die bald alle Welt als das „zweite Rom“ kannte. Sollte sie Rom als erste Stadt des Imperiums ersetzen? Dessen machtpolitischer und zeremonieller Mittelpunkt war die Stadt am Tiber immerhin jahrhundertelang gewesen. Sollte es damit kraft kaiserlichen Willens vorbei sein? Wollte Konstantin, der 324 die Alleinherrschaft angetreten und bereits

312 seine „Wende“ zum Christentum vollzogen hatte, den Neuanfang durch die Wahl einer neuen Hauptstadt buchstäblich zementieren? Oder leiteten ihn viel profanere Motive: War es ihre einzigartige geostrategische Lage, welche die Stadt am Bosporus Rom den Rang ablaufen ließ?

Der Schlüssel zum Verständnis Konstantins und seiner epochalen Weichenstellung liegt nicht in Konstantinopel. Wer das zweite Rom begreifen will, muss sich auf das erste einlassen, seine gesellschaftlichen und politischen Besonderheiten, seinen Aufstieg vom unbedeutenden Provinznest in der Mitte Italiens zur Stadt, die ein Weltreich beherrschte. Die Geschichte von Byzanz wurzelt tief in derjenigen Roms. Dessen Eintritt in die Weltgeschichte erfolgte mit einer krachenden Niederlage. Die Römer hatten Anfang des 4. Jahrhunderts v. Chr. mühsam ihre Nachbarstadt und wichtigste Rivalin Veji überwunden, als ihre Stadt selbst das Opfer eines Überfalls wurde: In der Schlacht an der Allia, etwa 387 v. Chr., unterlagen sie einem Heer aus wandernden keltischen Stämmen; wenig später hatten die Kelten ihre Stadt erobert und dem Erdboden gleichgemacht.

Die Römer zogen aus dem „schwarzen Tag“ ihre Lehren: Sie erkannten den Wert verlässlicher Bündnisse und erklärten Angriff zur wirkungsvollsten Form der Defensive. In mehreren Wellen eroberten sie bis 275 v. Chr. ganz Italien. Sie eroberten aber nicht nur, sondern integrierten die Unterlegenen in ihren Herrschaftsverband, der so stetig wuchs und rasch die Dimensionen eines Stadtstaates sprengte. Bald konnte Rom mehr Soldaten mobilisieren als jede Macht im Mittelmeerraum. Das römische Bündnissystem bestand seine Bewährungsprobe glänzend, als der Karthager Hannibal im Zweiten Punischen Krieg 218 v. Chr. die Alpen überquerte und in Italien einfiel. Die kampanische Stadt Capua blieb die einzige italische Alliierte, die von Rom abfiel.

Gemme, angefertigt für Kaiser Augustus (27 v. Chr. bis 14 n. Chr.). Der Herrscher ist als halbbekleideter Jupiter dargestellt.

Das Geheimnis der römischen Integrationskraft war das Angebot der Teilhabe, das Rom den von ihm Unterworfenen gewährte. Teilhabe bedeutete zunächst, dass jedes Mitglied im römischen Bündnissystem von weiteren Eroberungen profitierte. Später, seit dem 1. Jahrhundert v. Chr., war das Unterpfand der Teilhabe das römische Bürgerrecht. Römische Bürger genossen Privilegien und Ansehen. Und die Römer verliehen das Bürgerrecht großzügig an die Bewohner ihres Reiches.

Die Botschaft lautete: Wer Rom gegenüber loyal war und sich in die Gesellschaft des Imperiums einfügte, konnte selbst Römer werden, mochte er aus Gallien, Syrien oder Griechenland stammen. Mehr noch: Seine Söhne brachten es vielleicht dereinst gar zu Senatoren, seine Enkel, im günstigsten Fall, zu römischen Kaisern. So konnte der Apostel Paulus im 1. Jahrhundert n. Chr. Jude, Bürger seiner Heimatstadt Tarsos und Römer zugleich sein. Als Römer konnte er sich, als er mit der Staatsmacht in Konflikt geriet, an den Kaiser selbst wenden.

Doch mit der Zugehörigkeit zu Rom verband sich noch ein weiteres Versprechen: Teilhabe an der antik-mediterranen Zivilisationsgemeinschaft, die im römischen Imperium aufgegangen war. Wer in den Grenzen des Imperiums lebte, lebte sicherer und angenehmer als jene, denen dieses Glück nicht beschieden war. Seit Augustus, der der römischen Welt nach einer Ära der Bürgerkriege den Frieden zurückgeschenkt hatte, wuchsen die von Rom zusammeneroberten Provinzen – vom Atlantik bis in den Vorderen Orient – allmählich zu einem Reich zusammen, das diesen Namen auch verdiente: Das Mittelmeerbecken und seine Randzonen verschmolzen, bei allen regionalen Unterschieden, die Bestand hatten, zu einer Rechts- und Kulturgemeinschaft, so dass um die Mitte des 2. Jahrhunderts n. Chr. der Redner Aelius Aristides mit Fug und Recht feststellen konnte, die Römer hätten den gesamten Erdkreis wie „einen einzigen Haushalt“ organisiert.

Die *Pax Romana*, den römischen Frieden, verkörperte mit seiner Person der römische Kaiser. Er war weit mehr als nur politischer Führer der römischen Welt: Auf ihn richteten sich die Heils-, ja Erlösungserwartungen von Millionen. So erklärt sich, dass verblichene Kaiser per Senatsbeschluss zu den Göttern erhoben wurden; auch solche, die noch quicklebendig waren, wurden quer durchs Reich – nur nicht in Italien – kultisch verehrt. Das Bedürfnis der Menschen, so ihrem Herrscher nahe zu sein, war immens, ohne dass seine Göttlichkeit eine Frage des „Glaubens" gewesen wäre. Für antike Menschen, für die zwischen Sterblichen und Göttern kein substantieller, sondern lediglich ein gradueller Unterschied bestand, war die kultische Verehrungswürdigkeit des Kaisers durch seine kolossale Macht manifest; des Glaubens bedurfte sie nicht.

Durch Opfer suchten die Römer regelmäßig den Kontakt zu den Göttern (Mosaik aus dem 1. Jahrhundert).

Kernstück antiker Kulte war die Kommunikation mit den Göttern über Rituale, vor allem das Opfer. Die Opfernden sahen sich mit den Unsterblichen in einem Nahverhältnis auf Gegenseitigkeit – die Forschung spricht von „Reziprozität". Nach römischem Verständnis war das Opfer ein Dienst, *officium*, den die Götter mit Wohltaten, *beneficia*, vergalten. Brachen hingegen Schicksalsschläge über die Reichsbewohner herein, so wähnten sie das gegenseitige Nahverhältnis gestört – und intensivierten ihre Bemühungen, durch Opfer die Götter gnädig zu stimmen.

Neben göttlicher Gnade und der Fürsorge des Kaisers besaß das Reich eine dritte, sehr handfeste Säule: sein Militär. Von den grünen Hügeln Britanniens bis zu den Steppen des Zweistromlands, vom Hochland Armeniens bis an den Rhein schützten die Grenzen des Imperiums Dutzende von Legionen, jede 5000 bis 6000 Soldaten stark, und Hilfstruppen, die sich aus Nicht-Römern rekrutierten. Für die Soldaten bedeutete der Dienst an der Waffe die Chance zügigen sozialen Aufstiegs, vor allem, als im Zuge fortschreitender Professionalisierung des Militärs auch Männer in höchste Chargen aufstiegen, die sich von der Pike auf hochgedient hatten. Auf dem Reich lastete das Schutz bietende Heer aber auch als schwere finanzielle Bürde. Insgesamt dienten in der römischen Armee durchschnittlich etwa 400 000 Mann. Bei rund 60 Millionen Reichsbewohnern errechnet sich so ein Militarisierungsgrad knapp unter demjenigen Westdeutschlands im Kalten Krieg. Doch waren selbst so die Ressourcen einer nach modernen Maßstäben unterentwickelten Volkswirtschaft aufs äußerste angespannt: Rom konnte sich die Sicherheit, die seine Legionen herstellten, gerade so eben leisten.

Tetrarchie: Diokletian erfindet den Prinzipat neu

Hinzu kam, dass die Armee immer dann, wenn die Kaiser den auf ihnen lastenden Erwartungen nicht gerecht wurden, zum unberechenbaren Faktor wurde. Erfüllte nämlich ein Herrscher die Heilserwartungen seiner Untertanen nicht, dann waren seine Tage im Purpur – und damit auch in diesem Leben – gezählt. Kaiserfähig, *capax imperii*, war, wie der Historiker Tacitus sich ausdrückte, im Prinzip jeder kommandierende General eines der vielen Heeresteile. Wenn seine militärischen Erfolge die des Kaisers in den Schatten stellten, griff er in der Regel selbst nach der Macht – er wurde zum Usurpator, der bald die Entscheidung um den Spitzen-

Eine Statue aus Porphyr, aufgestellt an der Südfassade der Markusbasilika in Venedig, zeigt Kaiser Diokletian (284–305) mit seinen drei Mitherrschern. Jeweils zwei der Tetrarchen – Kaiser und Unterkaiser – halten sich gegenseitig umschlungen.

posten im Reich mit dem Amtsinhaber auf dem Schlachtfeld suchte.

Der Konstruktionsfehler, der der von Augustus geschaffenen Monarchie, dem Prinzipat, innewohnte, machte sich so lange nicht bemerkbar, wie das Imperium von isolierten, weitgehend sesshaften Stämmen und kaum je offensiv agierenden Mächten umgeben war. Als Schönwetter-Monarchie entpuppte er sich aber, sobald das außenpolitische Klima rauher wurde: Als mit den Sassaniden im Osten und neuen, schlagkräftigen und hochmobilen Stammeskonföderationen im Westen ernstzunehmende Feinde auf der Bildfläche erschienen, war es mit der politischen Stabilität vorbei. Der Prinzipat und mit ihm das Imperium stürzten in ein halbes Jahrhundert tiefster Krise: Nicht weniger als 18 vom römischen Senat anerkannte Kaiser und unzählige sonstige Prätendenten bekämpften sich zwischen 235 und 285 n. Chr. in einem Strudel der Usurpationen und Bürgerkriege gegenseitig bis aufs Messer. Die römische Welt schien im Chaos zu versinken, ihr Untergang nur eine Frage der Zeit zu sein.

Dass es anders kam, verdankte das Imperium der allmählich erlahmenden Offensivkraft seiner Feinde – und einem Mann, der den Prinzipat auf ein neues Fundament stellte. Am 20. Februar 284 n. Chr. wurde im kleinasiatischen Nikomedeia Diocles, der aus Illyrien stammenden Befehlshaber der Eliteeinheit *protectores domestici*, zum Kaiser ausgerufen. Diocles, der sich nun Diocletianus nannte, berief im Jahr darauf Maximianus, einen alten, ebenfalls vom Balkan gebürtigen Kampfgefährten, zum Caesar – und damit zum Unterkaiser und designierten Nachfolger. Ein weiteres Jahr später, 286, erhob er Maximian zum formal gleichberechtigten Augustus. Die Konzeption des Kaisertums als Doppelspitze war nicht ohne Präzedenzfall – bereits Valerian hatte 253 n. Chr. seinen Sohn Gallienus zum Mitkaiser erhoben –, neu aber war die Ernennung eines Mannes, der nicht mit dem Kaiser verwandt war. So gelang Diokletian die Quadratur des Kreises: Das verdoppelte Kaisertum erlaubte es den Herrschern, auf mehr als einem Kriegsschauplatz präsent zu sein; zugleich band Diokletian einen potentiellen Rivalen in sein System ein. Maximian sollte fortan für den Westen zuständig sein, er selbst für den Osten.

Im Jahr 293 erweiterten die Augusti die Doppelspitze zur Viererherrschaft, zur Tetrarchie: Diokletian und Maximian ernannten mit Galerius und Constantius je einen Caesar als Unterkaiser. Damit war die neue Führungsspitze des Reiches komplett: Jeder der Herrscher hatte seinen eigenen Zuständigkeitsbereich, doch ihre Gesetze galten nach wie vor im gesamten Reich. Die Tetrarchie bereitete nicht die Spaltung des Reiches vor, legte aber die Verantwortlichkeiten bei der Verteidigung seiner langen Außengrenzen fest. Mit der Ernennung der Caesares bereiteten Diokletian und Maximian zugleich ihren eigenen Rückzug von der Spitze vor: 305 traten sie als Augusti zurück, Galerius und Constantius rückten in dieses Amt nach und ernannten zugleich mit Severus und Maximinus Daia zwei neue Caesares. Die Tetrarchie schien als System, das sich

Schon ein Jahr nach seinem Regierungsantritt berief Kaiser Diokletian (Marmorbildnis) seinen Kampfgefährten Maximianus zum Unterkaiser – er war überzeugt davon, dass ein Herrscher allein das riesige Römische Reich nicht regieren konnte.

selbst in zehnjährigem Rhythmus erneuerte, fest etabliert.

Diokletian und seine Mitkaiser erfanden nicht nur den Prinzipat neu, das in die Jahre gekommene Regierungssystem des römischen Imperiums. Sie gingen, mit dem Römern eigenen Pragmatismus, auch andere Missstände an und setzten Reformen konsequent fort, die einzelne Soldatenkaiser vor ihnen bereits angestoßen hatten: So verkleinerten sie die Provinzen und vermehrten zugleich ihre Zahl, um den Spielraum der ebenso mächtigen wie potentiell gefährlichen Statthalter einzuengen. Die Tetrarchen verkleinerten auch die Legionen und erhöhten, darin an Anstrengungen des Kaisers Gallienus (253 – 268 n. Chr.) anknüpfend, ihre Beweglichkeit. Ein größerer Teil der Armee war jetzt dem Bewegungsheer zugeordnet, das in kurzer Zeit an militärischen Brennpunkten eingesetzt werden konnte. Ebenso nahm die Reiterei an Umfang wie an Bedeutung zu.

Schließlich lasteten wirtschaftliche Probleme auf dem äußerlich allmählich zur Ruhe kommenden Reich. Das Währungssystem war infolge fortschreitender Abwertung des wichtigsten Münzfußes, des Denars, und einer gründlich gescheiterten Währungsreform des Kaisers Aurelian (270 – 275 n. Chr.) in Unordnung geraten. Diokletian und seine Mitkaiser ließen neue, wieder vollgewichtige Denare ausmünzen, bekamen aber durch diese Maßnahme die galoppierende Geldentwertung nicht in den Griff, weil das Vertrauen in die Währung verlorengegangen war. So flüchteten sich die Tetrarchen in eine Zwangsmaßnahme: 301 erließen sie das sogenannte Preisedikt (*edictum de pretiis rerum venalium*), mit dem sie für einen endlos langen Katalog von mehr als 1000 Waren und Dienstleistungen Höchstpreise festsetzten, die bei Androhung der Todesstrafe nicht überschritten werden durften. Doch auch dieser erste Anlauf zu planwirtschaftlichem Dirigismus scheiterte kläglich, weil es den Kaisern an Möglichkeiten gebrach, die Einhaltung des Edikts wirksam zu kontrollieren.

Erfolgreicher war ihre Reform des Steuersystems, die eine in fünfjährigem Rhythmus durchzuführende Steuerschätzung vorsah, nach der die Grundsteuer (*annona*) auf der Grundlage von Vieh-

Bürger der römischen Provinz Lycia et Pamphylia in Kleinasien baten Mitkaiser Maximinus Daia 312 in einer Petition, gegen die Christen vorzugehen.

Laurentius von Rom wurde während der Christenverfolgungen unter Kaiser Valerian (253–260) im Jahr 257 getötet. Auf der Emailtafel aus dem 12. Jahrhundert ist zu sehen, wie die Häscher des Kaisers den Märtyrer auf einem Gitter rösten.

bestand (nach „Köpfen" – *capita*) und Ackerfläche (nach *iugera* – ein *iugerum* = etwa 2500 Quadratmeter) kalkuliert wurde. Dadurch erhöhte sich das Steueraufkommen insgesamt, zumal Italien – bis auf Rom – wie die Provinzen jetzt ebenfalls steuerpflichtig wurde. Die Last wurde immerhin gerechter verteilt. Vor allem aber stand dem Staat ein fester Geldbetrag zur Verfügung, mit dem er langfristig planen konnte.

Gegen Ende seiner Herrschaft wandte sich Diokletian gegen eine Gruppe, die in den zurückliegenden Jahrzehnten dramatisch angewachsen und seiner Meinung nach für die Schieflage, in der sich das römische Imperium befunden hatte, maßgeblich verantwortlich war: die Christen. Ihre Religion des einen Gottes stand im Widerspruch zur Leitidee der Tetrarchie, die das Schicksal der Herrscher mit göttlichen Wesen verknüpfte: Diokletian nannte sich *Iovius* und stellte sich so unter den besonderen Schutz des Göttervaters Jupiter; Maximian war als *Herculius* immerhin noch dem Halbgott Hercules wesensverwandt.

Die Christen müssen als Sündenböcke herhalten

Erst ein Kaiser vor Diokletian hatte systematisch Christen verfolgt: 257 hatte Valerian christliche Kulte verboten, ein Versammlungsverbot erlassen und Bischöfe verfolgen lassen. Doch bereits im 1. und 2. Jahrhundert n. Chr. hatten sich antichristliche Vorurteile punktuell in pogromartigen Ausschreitungen entladen; der Kaiser Trajan hatte in einem berühmten Brief Anfang des 2. Jahrhunderts seinen Statthalter Plinius angewiesen, Christen zwar zu bestrafen, aber nicht eigens nach ihnen zu fahnden und auch keinen Denunziationen nachzugehen. Valerians Vorvorgänger Decius hatte schließlich 250 ein Edikt erlassen, mit dem er alle Reichsbewohner zwang, ein öffentliches Opfer darzubringen. Wer opferte, erhielt eine Bescheinigung, die er zu einem bestimmten Stichtag vorzulegen hatte. Wer das nicht konnte, hatte Vermögenseinzug, Gefängnis oder gar den Tod zu befürchten.

In die Schusslinie geraten waren vorwiegend Christen, die sich geweigert hatten, das Ritual zu vollziehen. Mit dem Opfergebot hatte Decius, dessen Absicht nur gewesen war, das zerrüttete Verhältnis zwischen den Römern und ihren Göttern wieder ins Reine zu bringen, eine Linie überschritten: Die Ausübung von Kulten, die bis dato in der Regie jeder einzelnen Stadt gelegen hatte, war urplötzlich zu einer Angelegenheit geworden, die den Kaiser selbst anging. Die Idee der „Staatsreligion" war geboren, die später für die Entwicklung des Christentums solche Wichtigkeit entfalten sollte.

Decius' und Valerians Verfolgungen hatten im Ergebnis die christliche Kirche stärker gemacht. Sie hatten Märtyrer geschaffen, die mit ihrem Blut die Macht des christlichen Gottes bezeugt hatten. Wie mächtig musste ein Gott sein, für den Menschen reihenweise in den Tod gingen! Quer durchs Reich erzählte man sich Märtyrerlegenden, die den Zulauf zur christlichen Religion noch verstärkten. Bis Ende des 3. Jahrhunderts waren die christlichen Gemeinden zu einem Faktor geworden, mit dem zu rechnen war. Reichsweit mögen unter den Tetrarchen zehn Prozent der Reichsbevölkerung Christen gewesen sein – Tendenz steigend. Vor allem in Teilen des griechischsprachigen Ostens aber könnte der Anteil der Christen noch weit höher gelegen haben. Auch im Heer dienten nicht wenige Christen, deren Loyalität eigentlich über jeden Zweifel erhaben war.

Diokletian und seine Mitkaiser fühlten sich dennoch von der jungen Religionsgemeinschaft herausgefordert. Entsprechend harsch fiel die Verfolgung aus, die ein Edikt der Tetrarchen 303 eröffnete. Es verfügte das Verbot christlicher Versammlungen und Gottesdienste, die Zerstörung von Kirchen und Verbrennung christlicher Bücher. Christen sollten von jeglichen politischen Ämtern im Reich und in den Gemeinden ausgeschlossen sein. Mit dem Tod wurde jeder bedroht, der sich weigerte, den Kaisern zu opfern. Christliche Würdenträger, Bischöfe und Presbyter, wurden in Gewahrsam genommen, gefoltert und, sofern sie nicht bereit waren, dem Christentum zu entsagen, getötet.

Die Welle der Christenverfolgungen seit Mitte des 3. Jahrhunderts veränderte das religiöse Klima im Reich von Grund auf. Erstens heizte sie in allen Lagern Ressentiments und Intoleranz an. Zweitens schweißte sie die Christen enger zusammen, die erst so zu einer verschworenen Gemeinschaft wurden. Drittens vergrößerte sich auch die emotionale Distanz zwischen dem Imperium und seinen christlichen Bewohnern, die sich mehr und mehr aus der Öffentlichkeit zurückzogen. Viertens schließlich riss die Leidenszeit Gräben in den christlichen Gemeinden selbst auf. Die diokletianische Verfolgung veranlasste viele Christen dazu, öffentlich ihrer Religion zu entsagen, die vorgeschriebenen Opfer darzubringen und heilige Bücher auszuhändigen, um das nackte Leben zu retten. Die meisten von ihnen kehrten nach dem Ende der Verfolgungen in den Schoß der Kirche zurück, und manche stiegen sogar in führende Ämter auf.

Die große Wende: Konstantin betritt die Bühne

Stoppen allerdings konnten die Repressalien den Siegeszug des neuen Glaubens nicht, im Gegenteil. Im Westen, wo Constantius (293 – 305 Unterkaiser; 305/6 Augustus im Westteil) ohnehin nur halbherzig gegen Christen vorgegangen war, versandete die Verfolgung bald. Allein Galerius, der Augustus des Ostens, hielt eisern an der Ausrottungsstrategie fest, bis auch er sich ihr Scheitern eingestehen musste. Im Frühjahr 311 setzte er seine Unterschrift unter

Die Konstantinssäule stand bereits, als am 11. Mai 330 die Stadt Byzantion offiziell in Konstantinopel umbenannt wurde. Das Photochrom aus den Jahren zwischen 1890 und 1900 zeigt die Säule in Istanbul zu Zeiten des Osmanischen Reichs.

ein Edikt, das den Christen die freie Ausübung ihrer Religion zugestand: „Und da die meisten auf ihrem Vorsatz bestanden und wir sahen, dass sie weder den Göttern die angemessene Verehrung zukommen ließen noch den Gott der Christen verehrten, so haben wir es in unserer außerordentlichen Milde und beständigen Gewohnheit, sämtlichen Menschen zu verzeihen, für notwendig gehalten, auch diesen unsere freimütigste Nachsicht zu gewähren, damit sie wieder Christen sein und ihre Versammlungsstätten wieder aufbauen könnten, allerdings so, dass sie nichts gegen die öffentliche Ordnung unternehmen", verkündete Galerius in Nikomedeia. Die letzte Christenverfolgung war damit offiziell beendet.

Als Galerius sein Toleranzedikt verkündete, war die kunstvolle Architektur der Tetrarchie bereits unter ihren inneren Konstruktionsfehlern kollabiert. Zwar hatten Galerius und Constantius 305 planmäßig die Nachfolge Diokletians und Maximians als Augusti angetreten, mit Maximinus Daia und Severus zwei neue Caesares bestellt und damit die zweite Tetrarchie begründet, doch brachte der frühe Tod des West-Augustus Constantius bereits 306 das sorgsam austarierte System aus dem Lot. Nach der ungeschriebenen Geschäftsordnung der Tetrarchie hätte jetzt Severus die Nachfolge als Augustus des Westens antreten und ein neuer Caesar an seiner Stelle eingesetzt werden müssen. Constantius war überraschend im Winterlager seiner Heeres in Eboracum (York) gestorben, von wo aus er Krieg gegen die Pikten geführt hatte. Kaum war Constantius tot, da akklamierte das Heer seinem gut 30-jährigen Sohn Flavius Valerius Constantinus.

Konstantin war um 275 in Naissus (Niš, im heutigen Serbien) zur Welt gekommen und hatte als junger Offizier an den Feldzügen der Tetrarchen an der Donau und im Orient teilgenommen. Sein Biograph Eusebios betont die solide Bildung, die Konstantin am Hof Diokletians in Nikomedeia genossen habe: Er sei dort in lateinischer und griechischer Literatur sowie Philosophie unterwiesen worden. Der spätere Kaiser Konstantin besaß wenig Sinn für die philosophischen Feinheiten innerchristlicher Kontroversen; für das Griechische bediente er sich eines Dolmetschers. Womöglich sind also die Informationen, die uns Eusebios über die Jugend des Kaisers gibt, nicht allzu viel wert. Zu offensichtlich ist das Bestreben des Autors, seinen Protagonisten zum strahlenden Helden einer heilsgeschichtlichen Erzählung zu machen, die zwangsläufig in den Triumph des Christentums mündete. Auch Eusebios' Darstellung, nach der Konstantin schon in seiner Jugend, durch seine Mutter, die Kaiserin Helena, ans Christentum herangeführt worden war, entbehrt jeglicher Grundlage.

Sicher hingegen wissen wir, dass Konstantin, dem das Heer seines Vaters in Eboracum zujubelte, gar nicht daran dachte, sich der tetrarchischen Disziplin unterzuordnen. Konstantin war Römer, und als Römer besaß er einen strikten Begriff von persönlicher Ehre, *dignitas*, mit dem es unvereinbar war, dass er als Kaisersohn bei der Nachfolge übergangen werden sollte. Ganz ähnlich dachte auch Maxentius, der Sohn Maximians. Diokletians Weggefährte hatte 305 keineswegs freiwillig von der Herrschaft gelassen, sondern musste von dem *senior Augustus* erst gedrängt werden. Jetzt, 306, nutzte Maxentius die Gunst der Stunde, als Galerius und Severus ankündigten, die Mannschaftsstärke der Prätorianer zu verringern und obendrein die noch immer geltende Steuerfreiheit der Stadt Rom aufzuheben. Im Sturm eroberte sich der Übergangene die Herzen des wütenden römischen Mobs, der ihn prompt zum Kaiser ausrief. Die verbliebenen

In Carnuntum (heute Niederösterreich, rund 40 Kilometer östlich von Wien) trafen sich 308 der eigentlich schon emeritierte Kaiser Diokletian und drei Mitherrscher der dritten Tetrarchie, um die Machtbereiche neu abzustecken. Diesen Altar weihten sie dem Gott Mithras, der das Reich beschützen sollte.

In der Nacht vor der Schlacht an der Milvischen Brücke soll Konstantin eine Vision gehabt haben, die ihm nahelegte, im Zeichen des Kreuzes zu kämpfen und auf diese Weise zu siegen (Miniatur auf Pergament, 9. Jahrhundert).

Tetrarchen, Galerius, Severus und Maximinus Daia, sahen sich von den Usurpatoren in die Defensive gedrängt. War das bis dahin so erfolgreiche Herrschaftsmodell der Tetrarchie noch zu retten?

Galerius und seine Mitkaiser maßen mit zweierlei Maß: Konstantin, der inzwischen seine Residenz in Augusta Treverorum (Trier) bezogen und sich in Britannien, Spanien und Gallien durchgesetzt hatte, erkannten sie zwar nicht als Augustus an, gewährten ihm aber immerhin den Titel *Caesar*. Dagegen verweigerten sie Maxentius jede Legitimierung seiner Machtstellung in Afrika, Süd- und Mittelitalien. Um das Chaos perfekt zu machen, trat jetzt auch noch Maximian von seinem Rücktritt zurück, nannte sich wieder Augustus und stellte sich auf die Seite seines Sohnes. Severus, der mit seinem Heer von Mediolanum (Mailand) aus gegen das von Maxentius gehaltene Rom marschierte, musste hilflos mit ansehen, wie seine Soldaten, von denen etliche noch unter Maximian gedient hatten, in Scharen zu seinen Widersachern überliefen. Er flüchtete sich nach Ravenna, wo ihn Maximian belagerte. Obwohl man ihm freies Geleit zugesichert hatte, wurde Severus, nachdem er kapituliert hatte, auf Maxentius' Befehl getötet.

Übersichtlicher wurde die Lage durch Severus' Ausscheiden aus dem Machtpoker nur vorübergehend. Galerius ließ nicht locker und führte nun selbst, mittlerweile war es Sommer 307, ein großes Invasionsheer nach Italien. Ihm erging es nicht besser als dem unglücklichen Severus: Auch sein Heer schmolz dahin, während immer mehr Soldaten zu Maxentius und Maximian abfielen. Überhastet kehrte er Italien den Rücken – freilich erst, nachdem seine verbliebene Soldateska geplündert hatte, was ihr in die Hände gefallen war. Unterdessen suchte Maxentius das Bündnis mit Konstantin. Der traf sich mit Maximian in Gallien und schloss mit dessen Tochter Fausta, Maxentius' jüngerer Schwester, den Bund fürs Leben.

Die Hoffnungen ruhten nun auf dem *Augustus emeritus* Diokletian, der nach seiner Abdankung eine prachtvolle Residenz unweit des dalmatischen Salona bezogen hatte. Diokletian berief im Herbst 308 eine Konferenz der verbliebenen Kaiser nach Carnuntum ein: In der Stadt an der Donau feierten Diokletian, Maximian, Galerius und Maximinus Daia ein Wiedersehen – und einigten sich auf Eckpunkte eines Programms, das in allen Details Galerius' Forderungen erfüllte: Maximinus Daia wurde als Caesar des Ostens bestätigt, Konstantin abermals zum Unterkaiser des Westens bestellt, Maximian ein zweites Mal zum Rücktritt gezwungen. Maxentius verweigerte man jegliche Anerkennung, während ein neuer Mann Aufnahme in den erlauchten Zirkel der Tetrarchen fand: Der aus Dakien stammende Licinius sollte als Augustus des Westens die Donau-Provinzen übernehmen und Maxentius' Herrschaft ein Ende bereiten.

In Grand will der Herrscher ein Zeichen erhalten haben

Die vierte Tetrarchie war geboren. Sie starb so schnell, wie man sie aus der Taufe gehoben hatte. Konstantin und Maximinus Daia forderten die Gleichstellung mit den Augusti, schlugen ein Kompromissangebot des Galerius aus und griffen selbst nach dem prestigereichen Titel. Während Konstantin Krieg gegen die Franken führte, ließ sich Maximian, der sich im Herrschaftsbereich seines Schwiegersohns aufhielt, ein drittes Mal zum Kaiser proklamieren. Damit war für Konstantin das Maß voll: In Eilmärschen führte er sein Heer nach Arelate (Arles), zwang dort Maximian zur Kapitulation und ließ, kaum hatte der Ältere sich selbst entleibt, dessen Statuen stürzen (Juli 310).

Auf dem Rückweg nach Augusta Treverorum nahm Konstantin einen Umweg in Kauf, um ein abgelegenes Heiligtum in den Vogesen zu besuchen. Hier verehrte man den keltischen Gott Grannus, den die Römer mit ihrem Apollo identifizierten. In Grand, so heißt der Ort noch heute, hatte der Kaiser eine denkwürdige Begegnung. Über die Einzelheiten informiert uns der *panegyricus* des Jahres 310, eine Lobrede in zeittypisch devotem Timbre, mit der Konstantin nach seiner Ankunft in Augusta Treverorum für seinen Sieg über Maximian gepriesen wurde. „Du hast nämlich", berichtet der Redner, „wie ich glaube, Konstantin, deinen Apollo gesehen, der dir in Begleitung der Victoria Lorbeerkränze darreichte." Weiter heißt es: „Und wieso sage ich überhaupt ‚ich glaube'? Du *hast* ihn gesehen und hast dich in der Gestalt dessen wiedererkannt, dem die Herrschaft über die ganze Welt gebührt, wie es die göttlich inspirierten Lieder der Dichter sangen."

Was war in Grand geschehen? Konstantin war offenbar, während er das gallische Heiligtum besuchte, Zeuge einer ihn tief bewegenden Himmelserscheinung geworden. Er glaubte fest, dass ihm der Gott höchstselbst erschienen war und ihm den Sieg verheißen hatte. Über wen? Nach Lage der Dinge konnte es nur um Maxentius gehen, den für Konstantin logischen nächsten Gegner. Der Herrscher über Augusta Treverorum, daran besteht kein Zweifel, stand fest auf dem Boden des alten Glaubens, als er das Grannus-Heiligtum besuchte und seine Vision hatte. Seit er Kaiser war, hatte Konstantin keinerlei Nähe zum Christentum erkennen lassen. Vielmehr hatte er sich, wie viele Kaiser vor ihm, unter den persönlichen Schutz eines Gottes gestellt: des Kriegsgottes Mars, dessen Bildnis seine Münzen zierte. Jetzt, 310, setzte Konstantin auf ein neues Pferd: den Sonnengott Sol Invictus, der wiederum eine Manifestation Apollos war. Die Hinwendung zu Sol Invictus war für einen Kaiser mitnichten ungewöhnlich – vor Konstantin hatte schon Aurelian dem Sonnengott einen privilegierten Platz im Götterhimmel eingeräumt. Was auch immer in Grand geschehen war, die Sonne spielte vermutlich eine wichtige Rolle bei der Erscheinung.

Doch blieb es nicht bei dieser Deutung des „Wunders von Grand". Im Herbst 311 brach Konstantin tatsächlich zu dem unvermeidlich gewordenen Feldzug gegen Maxentius auf. Als sie in Richtung Italien loszogen, marschierten Konstantins Soldaten unter Feldzeichen, über denen statt des charakteristischen Legionsadlers das Christus-Monogramm zu sehen war: die griechischen Buchstaben X (Chi) und P (Rho), einen sechsstrahligen Stern bildend. Wie aus der Himmelserscheinung von Grand das Christus-Monogramm geworden und weshalb der christliche Heiland an die Stelle des heidnischen Apollo Grannus getreten war, werden wir nie erfahren. Denkbar ist, dass Konstantin, während er in Augusta Treverorum den Krieg gegen Maxentius vorbereitete, unter den Einfluss christlicher Einflüsterer an seinem Hof geriet. Es mag ihm verlockend erschienen sein, die Probe aufs Exempel zu machen und die Kampagne unter den Schutz des christlichen Gottes zu stellen. Schließlich hatte der sich als mächtiger erwiesen als die Repressalien, die Galerius gerade erst hatte zurücknehmen müssen.

Der christliche Gott bestand seine Bewährungsprobe als Schutzpatron glänzend. Am 28. Oktober 312 besiegte Konstantins Heer die Truppen seines Widersachers an der Milvischen Brücke, nördlich der Hauptstadt. Damit war Konstantin alleiniger Herr über den Westen, während sich in der Osthälfte Licinius und Maximinus Daia, der in seinem Reichsteil noch 312 mit neuen Christenverfolgungen begonnen hatte, gegenseitig argwöhnisch belauerten. Im „kalten Krieg" gegen seinen östlichen Mitkaiser benötigte Licinius einen Alliierten, den er in Konstantin fand. Im Februar 313 trafen sich die beiden Herrscher in Mediolanum und einigten sich auf gemeinsame Leitlinien für den Umgang mit Religion. Mehr aber auch nicht: Das sogenannte „Edikt" von Mailand, das lange als wichtige Etappe auf dem Siegeszug des Christentums galt, war in Wahrheit lediglich ein „Minimalprogramm" (Klaus M. Girardet), auf das sich die in sehr unterschiedlichen religiösen Vorstellungswelten beheimateten Kaiser einigen konnten. Immerhin bekannte man sich – durchaus vielsagend – zu Toleranz allen Glaubensgemeinschaften gegenüber, also auch den Heiden.

Konstantin schwingt sich zum Alleinherrscher auf

Licinius, der die Allianz mit Konstantin 313 durch die Ehe mit Konstantins Schwester Constantia auch dynastisch zementiert hatte, gelang es noch im selben Jahr, seinen Rivalen Maximinus Daia bei Herakleia Pontike am Schwarzen Meer zu vernichten. Damit hatte das Bündnis mit Konstantin bereits seinen Zweck erfüllt. Wohl schon 314 ließ Konstantin den latenten Konflikt eskalieren, errang in Pannonien einen Sieg über den Kollegen, konnte Licinius aber vorläufig nicht vernichtend schlagen. Das gelang ihm erst zehn Jahre später in einer Serie von drei Schlachten zu Lande und zur See: Nachdem Konstantin Licinius' Heer am 3. Juli 324 bei Adrianopel geschlagen hatte, trug sein Sohn Crispus am Hellespont den Sieg über die gegnerische Flotte davon. Schließlich stellte Konstantin die Reste von Licinius' Heer bei Chrysopolis in Bithynien, siegte erneut und zwang den Widersacher zur Kapitulation. Unter dem fadenscheinigen Vorwurf des Hochverrats ließ er den in Thessalonike festgesetzten Licinius schon im folgenden Jahr exekutieren.

Konstantin, jetzt alleiniger Herrscher über die römische Welt, war in dem guten Jahrzehnt seit Mediolanum nicht untätig geblieben. Er hatte in seinem Reichsteil, durch gezielte Privilegierung, die christliche Kirche zu einem politischen und wirtschaftlichen Faktor ersten Ranges gemacht. Er hatte den christlichen Gemeinden das Recht gegeben, in den Kirchen die Freilassung von Sklaven zu vollziehen (*manumissio in ecclesia*), ohne dass durch diesen Rechtsakt die sonst übliche Gebühr fällig wurde. Kirchen wurden so gleichsam zu Stätten, an denen römische Bürger „gemacht" wurden, denn wer freigelassen wurde, erhielt automatisch das Bürgerrecht. Er hatte obendrein dem Episkopat die richterliche Gewalt in Zivilprozessen überantwortet: Wer wollte, konnte seine Klage durch den örtlichen Bischof entscheiden lassen, statt sich an ein kaiserliches Gericht zu wenden. Der Weg der Kirche zum Staat im Staate war damit vorgezeichnet.

Wirtschaftlich erheblich besser gestellt wurde die Institution Kirche durch das passive Erbrecht, das anderen Körperschaften im römischen Recht vorenthalten war. Die Kirchenbindung der Erblasser brach selbst Blutsbande: Wer die Gemeinde zur Erbin einsetzte, durfte die eigene Verwandtschaft vollständig enterben. Das Kirchenvermögen, gerade auch der kirchliche Grundbesitz, schwoll seitdem exponentiell an: Mutter Kirche wurde zum Wirtschaftsimperium, das sich eine großzügige Armenfürsorge leisten und so den steten Zulauf neuer Schäfchen sicherstellen konnte. Gesetzlich festgelegt wurde schließlich der Sonntag, *dies solis*, als allgemeiner Ruhetag: Der Zeit, die in der heidnischen Antike keinen Wochenrhythmus gekannt hatte, schlug nun das Christentum den Takt. Der Kaiser, bemerkt der Historiker Paul Veyne, „schmuggelte auf diese Weise Elemente des Kirchenjahres in den bürgerlich-profanen Jahreslauf, ohne jedoch die religiöse Freiheit von irgendjemandem anzutasten".

Licinius (Münzbildnis) war der letzte Widersacher im Kampf Konstantins um die alleinige Macht. 324 schlug Konstantin die verbliebenen Truppen des Licinius und ließ diesen 325 hinrichten.

Mit Konstantins Sieg über Licinius erlangte das Privilegienpaket für den neuen Glauben reichsweit Gültigkeit. Konstantin hatte der Kirche zu einem fulminanten Durchbruch verholfen. War der heiligste Herrscher, der *sacratissimus imperator*, wie ihn der Panegyricus des Jahres 313 nennt, ein religiöser Überzeugungstäter, durchdrungen von frommem Eifer? Oder handelte er, wie Jacob Burckhardt gemeint hat, aus purem Pragmatismus, ja Opportunismus – weil er erkannt hatte, dass das Christentum seinen machtpolitischen Ambitionen förderlich war? Die christlichen Gewährsleute, allen voran Eusebios, unterstellen Konstantin natürlich eine aufrechte christliche Gesinnung. Heiden hielten ihn für einen Schurken, der den alten Glauben verraten hatte, auf dem Rom und sein Imperium ruhten. Aus dem ersten christlichen Kaiser einen Opportunisten machen zu wollen, geht aber sicher an der Wirklichkeit vorbei: Als antiker Mensch, dessen

Welt ganz selbstverständlich von göttlichen Mächten durchdrungen war, hatte er überhaupt nicht die Option, Religion für politische Zwecke zu instrumentalisieren. Umgekehrt wird ein Schuh daraus: Konstantin spannte die Politik konsequent vor den Karren seiner religiösen Überzeugungen.

Ein Kaiser, den Christen und Heiden akzeptieren können

Privatsache war also Konstantins Glaube mitnichten. Gleichwohl war er nach wie vor der Kaiser eines mehrheitlich heidnischen Reiches mit tief eingewurzelten paganen Traditionen. Bei Eusebios begegnet uns ein Konstantin, der vorsätzlich mit diesen Traditionen bricht. Der reale Konstantin durfte jedoch weder die vielen Altgläubigen vor den Kopf stoßen, die vor allem die Reihen der Eliten füllten, noch konnte er von vornherein annehmen, dass den alten Göttern jegliche Macht abging. Sie mochten jetzt im Schatten des einen christlichen Gottes stehen, verehrungswürdig waren sie nach wie vor.

Ein byzantinisches Triptychon aus Elfenbein (6.–10. Jahrhundert) präsentiert Kaiser Konstantin zusammen mit seiner Frau Helena als christliches Herrscherpaar unter dem Kreuz.

Das scheinbare Paradoxon löst sich auf in der Gebäudemasse der Apostelkirche, die Konstantin als seine Grablege in der neuen Residenzstadt am Bosporus errichten ließ. Unglücklicherweise sind wir über das Aussehen der Kirche nur lückenhaft informiert. Sie musste spätestens unter Justinian (527–565) einem Neubau weichen, war aber zuvor bereits grundlegend umgestaltet worden. Aufschluss über ihre ursprüngliche Gestalt gibt allein Eusebios, der das Mausoleum als einen überkuppelten Zentralbau von „unglaublicher Höhe“ beschreibt. Der gesamte „Tempel“ sei aufs reichste ausgestattet und von einer Portikus mit Parkanlagen umgeben gewesen. Konstantins Grab war der Mittelpunkt der gesamten Anlage: „Zwölf Grabmäler errichtete er dort, gleichsam heilige Säulen zu Ehren und zum Gedächtnisse der Apostelschar; mitten unter sie stellte er aber seinen eigenen Sarg, zu dessen beiden Seiten je sechs Apostel standen.“

Eusebios gibt sich alle Mühe, dem Bau eine christliche Bedeutung zu geben. Heiden konnten das jeder eindeutigen Symbolik bare Mausoleum aber auch ganz anders sehen: als eine Stätte, in der man Konstantin, der 337 von dieser Welt ging, kultische Ehren darbringen konnte. Umringt war der Kaiser, wenn man sich diese Sichtweise zu eigen machte, von den zwölf olympischen Göttern, in deren Mitte ihn der Senatsbeschluss, mit dem Konstantin nach alter Väter Sitte zum *divus* erklärt worden war, erhoben hatte. Wie alle guten Kaiser seit Augustus, so hatte man auch Konstantin unter die Staatsgötter erhoben. Bis in den Tod hinein vermied Konstantin das eindeutige Bekenntnis zum Christentum und wählte stattdessen gezielt eine Ambivalenz, die es auch Heiden gestattete, den Herrscher als einen der ihren zu akzeptieren.

So führt unser Weg zurück in die Metropole am Bosporus und zu den Fragen, die sich im Zusammenhang mit ihrer Gründung stellen. War Konstantinopel der steingewordene Neuanfang, den Eusebios sich so sehr wünschte? Die Antwort muss typisch konstantinisch ausfallen: ja und nein. Dass der Gründungsakt für Konstantin eine Zäsur markierte, wird schon an dem Goldmedaillon deutlich, das der Kaiser für den Anlass prägen ließ. Ein bartloser Konstantin, in allem der Antipode zu den Haudegen der Tetrarchenzeit, richtet hier den Blick

gen Himmel – Ausdruck tiefer Frömmigkeit oder Zitat Alexanders des Großen, der auf seinen Münzen ebenfalls Zwiesprache mit höheren Mächten hielt?

Das „zweite Rom“ raubt dem ersten alles Schöne und Gute

Die Gründung einer neuen Residenz an sich war alles andere als ein revolutionärer Akt. Schon gar nicht bedeutete sie die Deklassierung der alten Hauptstadt, die längst ihre Funktion als politisches Gravitationszentrum des Reiches abgegeben hatte: an Orte wie Augusta Treverorum, wo Konstantin selbst seine erste Residenz bezogen hatte und von wo sein Vater Constantius geherrscht hatte; Mediolanum, das Maximians Hauptstadt gewesen war; Romuliana (Gamzigrad), wo Galerius seinen Palast errichtet hatte; und natürlich Diokletians Herrschersitz Nikomedeia sowie sein Altersrefugium Spalatum. Rom war, nach spätantikem Verständnis, stets dort, wo der Kaiser war. Die Residenzen der Tetrarchen lagen wie Konstantinopel an strategischen Punkten, von denen aus sich die Legionen, die das Reich verteidigten, bequem dirigieren ließen.

Dennoch sticht Konstantinopel allein schon durch die Dimensionen heraus, in denen Konstantin plante: Er vergrößerte die Fläche des alten Byzantion auf das Vier- bis Fünffache, zog eine Mauer, die vom Marmarameer bis zum Goldenen Horn reichte, und stattete die Stadt mit prächtigen Gebäuden aus: dem Palast, den eine Statue der Kaiserinmutter Helena überragte, samt prächtigem Vorplatz, dem Augustaeum. Ganz in dessen Nähe befand sich eine große Kirche, die dem „Heiligen Frieden“, *Hagia Eirene*, geweiht war. Dank dieser Kirche, Konstantinopels erster Kathedrale, hatte das Christentum seinen Platz von Anfang an inmitten der neuen Hauptstadt. Palast, Augustaeum, Kirche und Bischofspalast bildeten ein architektonisches Ensemble, das die neue Nähe von weltlicher und geistlicher Macht symbolisierte.

Konstantin schuf aber auch eine Stadt voll Annehmlichkeiten für ihre Bewohner: Er baute die vorhandene Rennbahn, den Hippodrom, prächtig aus, ließ breite, von Kolonnaden gesäumte Straßen anlegen und zum Verweilen einladende Plätze mit Säulenhallen. Er leitete einen Teil der Schiffe, die Rom mit ägyptischem Getreide versorgten, nach Konstantinopel um und versorgte auch dessen wachsende Bevölkerung unentgeltlich mit dem Grundnahrungsmittel. Die stadtrömische Oberschicht köderte er, indem er Umzugswilligen Land in der neuen Metropole schenkte. Selbst einen Senat erhielt Konstantinopel, dessen Mitglieder jedoch als *viri clari* den *viri clarissimi* des römischen Senats zunächst nicht auf Augenhöhe begegnen konnten.

Die Ambivalenz zwischen Neuanfang und Festhalten am Althergebrachten symbolisiert nichts besser als der systematische Kunstraub, den die Gründung Konstantinopels reichsweit auslöste. Im Hafen der Stadt entleerten Schiffe ihre Bäuche, prall gefüllt mit allem, was das Sammlerherz begehrte: „Konstantinopel wird eingeweiht durch die Entblößung praktisch aller anderen Städte", notierte der Kirchenvater Hieronymus später. Zwar wurde so die Vorrangstellung, die Konstantinopel unter den Städten des Reiches einnehmen sollte, beklemmend rücksichtslos unterstrichen: Das „zweite Rom" nahm sich mit Gewalt, was das erste an Gutem und Schönem geschaffen hatte. Aber andererseits gestanden sich die neuen Kräfte gerade so den Primat des Alten ein. Die Bosporus-Metropole wurzelte tief in der klassischen Tradition, die sie dankbar als ihr Erbe empfing und nach der Eroberung durch die Osmanen, wie zum Ausgleich für erlittenes Unrecht, großzügig dem lateinischen Westen zurückgab.

Prof. Dr. Michael Sommer, geb. 1970, lehrt Alte Geschichte an der Universität Oldenburg.

Justinian und der „Codex Iustinianus“

Alles, was Recht ist

Mischa Meier

Kaiser Justinian I. (527 – 565) verstand sich als von Gott beauftragter Gestalter des Lebens seiner Untertanen. Dieses Selbstverständnis drückte sich in der von ihm veranlassten Bündelung aller bis dahin gültigen Rechtsvorschriften ebenso aus wie darin, dass er mit zahlreichen neuen Gesetzen detailliert in den Alltag der Reichsbewohner eingriff.

„Von Gott eingesetzt unser Reich lenkend, das uns von der himmlischen Hoheit übergeben worden ist, bringen wir Kriege glücklich zu Ende, zieren den Frieden und erhalten den Bestand des Gemeinwesens: Und wir richten unsere Herzen so auf den Beistand des allmächtigen Gottes, dass wir weder Waffen noch unseren Soldaten noch den Generälen noch unserer eigenen Begabung vertrauen müssen, sondern jegliche Hoffnung allein auf die vorsorgende Umsicht der höchsten Dreifaltigkeit setzen: Von ihr her haben sich die Grundbestandteile der gesamten Welt entwickelt und ist ihre Anordnung zum Weltkreis geschaffen worden.“ So beschrieb der Herrscher 530 selbst seine Rolle und sein Amtsverständnis im Prolog der Rechtsbestimmung (Konstitution) „Deo auctore“. Kein anderer römischer Kaiser hat seine Stellung und Bestimmung derart entschieden und ausschließlich auf Gott zurückgeführt wie Justinian I. Und kein weiterer Herrscher der römisch-byzantinischen Geschichte hat aus seiner göttlichen Berufung derart radikale und weitreichende Konsequenzen gezogen. Justinian, dessen Familie sich aus niedrigsten Verhältnissen bis zur höchsten irdischen Machtstellung emporgearbeitet hatte, vermutete offenbar überall das Wirken Gottes und sah sich selbst als ersten Diener des Herrn und wichtigsten Vollstrecker seines Willens. Das bedeutete: Was der Kaiser bestimmte, war gottgewollt.

Im berühmten Mosaik von San Vitale in Ravenna ist Kaiser Justinian mit seinem Hofstaat zu sehen. Nur der Herrscher durfte ein purpurfarbenes Gewand tragen.

Eine besondere Form der Kommunikation mit der Bevölkerung

Aus diesem besonderen Selbstverständnis resultierte ein überbordender, für zeitgenössische Verhältnisse ganz ungewöhnlicher Gestaltungswille. Er bezog sich auf alle Politikfelder und sämtliche Lebensbereiche der römischen Bevölkerung, die Justinian nur noch als „Untertanen“ begriff. Alles wurde zum Gegenstand kaiserlicher Interventionen, nicht

Der „Codex Iustinianus" aus dem Jahr 529 war eine Sammlung aller Kaisergesetze seit den Zeiten Kaiser Hadrians (117 – 138).

borgen, nahm in seinen Gesetzen Kontakt zur Bevölkerung auf.

So lässt sich das große Kodifikationswerk, das seit dem 16. Jahrhundert als „Corpus Iuris Civilis" bezeichnet wird und die byzantinische Rechtsgeschichte nachhaltig prägen sollte, zunächst einmal nicht von der Person seines Urhebers trennen. Denn es reflektiert das umfassende und sakral aufgeladene Herrschaftsverständnis dieses Kaisers und den daraus abgeleiteten Regulierungsanspruch unter betont christlichen Vorzeichen. Dieser Anspruch schlug sich in den einzelnen Teilen dieses gewaltigen Unternehmens nieder: im „Codex Iustinianus", den „Digesten", auch „Pandekten" genannt, den „Institutiones" und den „Novellen".

Die Verwaltung des Imperium Romanum bedeutete für die Kaiser seit jeher eine besondere Herausforderung. Das Territorium des Reiches war auch im 6. Jahrhundert noch gewaltig und mit zeitgenössischen Möglichkeiten kaum zu erfassen. Die vorhandene Infrastruktur bot zwar hinreichend Wege, die weiten Entfernungen zu durchmessen, aber dies benötigte Zeit und Mittel. Kommunikationswege waren lang, die von Konstantinopel aus gesteuerte Verwaltung war in ihren Verbindungen zu den Ebenen der Provinzen und Städten schwerfällig und mit zunehmender Ausdifferenzierung der einzelnen Verwaltungsgliederungen in der Spätantike auch immer schwerer zu kontrollieren.

nur klassische Bereiche wie die Außenpolitik, sondern auch Kirche und Religion, selbst das sittliche Verhalten der Menschen.

Eines der zentralen Instrumente, derer sich der Kaiser dabei bediente, war das Recht. Wie alle spätantiken Kaiser benutzte Justinian es nicht nur, um tatsächlich bestimmte Angelegenheiten zu regeln oder Streitfälle zu entscheiden, sondern es diente ihm – mitunter weitaus wichtiger – zugleich auch als Medium der Kommunikation mit Angehörigen der Eliten in der Hauptstadt Konstantinopel sowie in den Provinzen. Der Kaiser, selbst weitgehend unnahbar in seinem Palast ver-

Der von Gott gewollte Kaiser braucht unentwegt Geld

Das Hauptinteresse der Verwaltung lag in der Abschöpfung und Umverteilung der vor allem auf dem Land erwirtschafteten Produkte und Geldmittel. Mit ihnen wurde das Heer finanziert, das die territoriale Integrität des Reiches und die Sicherheit von Kaiser und Bevölkerung garantierte; von ihnen lebten aber auch die Herrscher selbst, ihre Amtsträger und die Eliten, von deren Wohlwollen wiederum eine stabile Herrschaft gleichermaßen abhängig war. Es lag daher im höchsten Interesse der Kaiser, die Effizienz der Ressourcenabschöpfung aufrechtzuerhalten oder gar zu steigern – anders ausgedrückt: Das Steueraufkommen musste gesichert werden.

Vieles lag hier im Argen, als Justinian im Jahr 527 die Nachfolge seines Onkels Justin I. antrat. Der neue Herrscher, beflügelt durch die Überzeugung von seiner göttlichen Sendung, trat den Problemen mit unermüdlicher Energie entgegen. Und die anfänglichen Erfolge, die sich bald einstellen sollten, schienen ihn auf seinem Weg zu bestätigen.

Zu den ersten großen Unternehmen, die der tatkräftige Herrscher anging, gehörte die Kodifikation des römischen Rechts. Nur wenige Monate nach seiner Thronbesteigung, am 13. Februar 528, zeigte Justinian dem Senat von Konstantinopel sein ehrgeiziges Vorhaben an, eine Kodifikation des römischen Rechts vorzunehmen. Das war damals auch dringend nötig, denn die unterschiedlichen Formen, in denen dieses sich entwickelt hatte, brachten zahllose Unklarheiten, Widersprüche, Doppelungen und eine grundsätzliche Unübersichtlichkeit mit sich.

Da war zum einen das älteste Recht der „Zwölf Tafeln", ebenso ehrwürdig wie unverständlich und kaum noch brauchbar; es gab die Gesetze aus den Zeiten der Republik, die jedoch nie jemand systematisch gesammelt hatte; dann die Verlautbarungen früherer Kaiser – zahllos, häufig widersprüchlich, weil teilweise auf Einzelfälle bezogen, teilweise auch grundsätzlicher Natur; es gab das Edikt des Prätors, in dem die römischen Amtsträger jährlich die Grundsätze ihrer Rechtsprechung niedergelegt hatten und das sich seit Hadrian (117 – 138) zu einem festen Text gefügt hatte; und schließlich waren da die unermesslich zahlreichen Kommentare und Rechtsgutachten römischer Juristen, die ihrerseits teilweise Gesetzeskraft besaßen. Wer sollte dies alles überblicken, zumal in entlegenen Provinzen, denen nicht die wohlausgestatteten Archive der großen Metropolen zur Verfügung standen?

Angesichts dieser Situation wundert man sich, dass die Römer erst spät den Gedanken fassten, ihr Recht zu kodifizieren und damit zu ordnen. Erste Sammlungen entstanden unter Diokletian (284 – 305) auf private Initiativen hin („Codex Gregorianus", „Codex Hermogenianus"); im Jahr 438 setzte Theodosios II. (408 – 450) den nach ihm benannten Kodex mit den wichtigsten kaiserlichen Anordnungen seit Konstantin I. (306 – 337) in Kraft. Aber es blieb noch viel zu tun. Als Justinian sich an die Ordnung des römischen Rechts begab, hatten selbst einige Barbarenherrscher im Westen bereits Kodizes ins Werk gesetzt. Es war also höchste Zeit zu handeln. Und so fügten sich die Einsicht in die Notwendigkeit grundlegender Maßnahmen, eine Hochschätzung der römischen Traditionen, häufig als „Klassizismus" bezeichnet, und ein umfassendes Sendungsbewusstsein in Justinian zu weitreichenden Ambitionen zusammen. Der Kaiser war überzeugt davon, dass seine Aufgabe darin lag, die Lebensbedingungen seiner „Untertanen" permanent zu verbessern. Rastlos begab er sich ans Werk. Inschriften bezeugen, wie er bis in die Provinzen hinein zu wirken versuchte. Seine Gesetze und die zeitgenössische Literatur präsentieren uns das Bild eines schlaflosen Kaisers, der sich persönlich aller Probleme annahm.

Wie war nun Justinians Rechtsverständnis? Auskunft darüber geben die von ihm erlassenen „Novellen": Gott hat eine Person eingesetzt, die Gesetze geben darf, und das ist der Kaiser (Prolog der „Novelle" 72); er hat ihn den Menschen als „lebendiges Gesetz" (*nómos émpsychos*, „Novelle" 105, 2, 4) gesandt, der Kaiser ist Quelle allen weltlichen und kirchlichen Rechts („Novelle" 9). Von der Selbstbescheidung früherer Herrscher, die sich selbst als den Gesetzen unterworfen präsentierten, war im

Bevor sich Kaiser Justinian daranmachte, Ordnung in das Durcheinander zahlloser Gesetze zu bringen, war zuletzt unter Kaiser Theodosius II. (408 – 450) eine systematische Sammlung kaiserlicher Anordnungen erschienen (Seite aus dem „Codex Theodosianus").

Römische Rechtsprechung, so wie sie das Neue Testament beschreibt: Jesus muss sich vor Pilatus rechtfertigen. Diese Szene findet sich im „Codex purpureus Rossanensis“, einem Evangeliar, das im 6. Jahrhundert in Syrien entstanden sein soll und 1879 in Kalabrien entdeckt wurde.

6. Jahrhundert nicht mehr viel geblieben. Stattdessen wurde unter Justinian das gesamte Recht auf den Kaiser ausgerichtet; er war sein Ursprung und Ziel zugleich.

Der Kodex fügt viele Einzelteile zu einem neuen Ganzen zusammen

So ungefähr lässt sich die Grundhaltung beschreiben, die Justinians Kodifikations- und Gesetzgebungswerk durchzog. Die Aufgabe, die vor jenen zehn Männern unter Leitung von Justinians Vertrautem Johannes aus Kappadokien lag, die 528 mit der Erarbeitung des „Codex Iustinianus“ betraut wurden, war herkulisch, ja eigentlich gar nicht zu bewältigen. Ein Millennium höchst komplexer römischer Rechtsschöpfung musste geordnet und zusammengefasst werden. Ziel war der „öffentliche Nutzen“, und der Kaiser war zuversichtlich, dass das Unternehmen mit Gottes Hilfe gelingen würde.

Man begab sich unverzüglich an die Arbeit. Unmengen von Material wurden gesichtet. Es wurde gekürzt, vereinfacht, korrigiert, neu kombiniert, umgeschrieben. Was weit auseinander lag, wurde zusammengefügt, Texte wurden bearbeitet und umgeformt, in Gruppen gefasst, in chronologische Reihen gebracht und unabhängig von den ursprünglichen Entstehungskontexten nun sachlichen Rubriken zugeordnet. Die älteren Rechtssammlungen und Stapel von Archivalien dienten der Kommission als Grundlage. Jeder in den neuen Kodex aufgenommene Text sollte die Kraft eines allgemeingültigen Gesetzes (*generalis constitutio*) besitzen.

Und tatsächlich: Das Unmögliche gelang. Bereits im Jahr 529 konnte ein begeisterter Justinian der staunenden Öffentlichkeit den „Codex Iustinianus" vorlegen, eine Sammlung der Kaisergesetze von Hadrian bis zum Jahr 529. Anders als der „Codex Theodosianus", der die kirchliche Gesetzgebung im 16. Buch versammelt hatte, beginnt der „Codex Iustinianus" programmatisch im 1. Buch mit Bestimmungen zu Glauben und Kirche. Die neue Sammlung, so viel war klar, präsentierte sich als durch und durch christlicher Text.

Auf Waffen und Gesetzen, so der Kaiser, beruhe das römische Gemeinwesen. Für die Verwendung Letzterer lag nun endlich eine solide Grundlage vor. Sie war für die Ewigkeit angelegt. Und doch blieb sie nur wenige Jahre in Geltung. Es ist unklar, was den Kaiser dazu bewog, bereits 530 eine revidierte Fassung des Kodexes in Auftrag zu geben, die 534 in Kraft trat (und sich im Gegensatz zur Erstauflage erhalten hat). Vielleicht zollte Justinian damit seiner Wahrnehmung Tribut, dass die allgemeinen Verhältnisse im steten Wandel begriffen seien.

Der erfolgreiche Abschluss der Rechtssammlung verstärkte jedenfalls den Drang, weitere Unternehmungen in Angriff zu nehmen. Gott war dem Kaiser ganz offensichtlich weiterhin gewogen, und die Neuordnung des römischen Rechts war noch längst nicht abgeschlossen. Noch immer sahen sich Richter und Statthalter mit einer Flut von Rechtsgutachten konfrontiert, die niemand überschaute. Einen ersten Schritt stellten die „50 Entscheidungen" (*quinquaginta decisiones*) dar, Regelungen unklarer Rechtsfälle, die eine erste Schneise in den Urwald des Materials schlugen. Das eigentliche Hauptwerk sollte erst danach folgen: die „Digesten". Die Leitung dieses Projekts übernahm Tribonian (gest. 542). Er war *quaestor sacri palatii*, eine Art Justizminister und damit auch für die formale Präsentation der Texte zuständig, und galt als begnadeter Fachmann für die Materie. Zusammen mit einer weiteren Kommission machte sich dieser Vertraute Justinians im Dezember 530 daran, angeblich um die 2000 Bücher und drei Millionen Zeilen zu sichten und die römische Jurisprudenz seit der Republik aufzuarbeiten. Erneut wurde gelesen, gesammelt, gekürzt, vereinheitlicht, bearbeitet und korrigiert.

Höchstes Gebot war innere Schlüssigkeit. Und um sie zu erreichen, durften die Texte selbst angesehenster Juristen nachträglich bearbeitet werden. Aber war ein solches Unternehmen, das nie zuvor jemand gewagt hatte, überhaupt zu bewältigen? Selbst Justinian äußerte Zweifel – und einmal mehr wurde er von seinen Beauftragten nicht enttäuscht: Bereits am 16. Dezember 533 konnten die „Digesten" präsentiert werden. Der Kaiser jubilierte: Frieden mit den Persern, das Vandalenreich in Afrika soeben niedergerungen und nun auch noch die Inkraftsetzung der 50 Bücher umfassenden Rechtssammlung.

Kein Kommentar soll die Reinheit des Rechts verwässern

Es war vollbracht. Ein „Tempel römischen Rechtswesens" (*iustitiae Romanae templum*) war errichtet. Die Rechtsprechung stand von nun an auf einer neuen Grundlage, und diese sollte unangefochtene Geltung behalten. Aus diesem Grund erließ Justinian, der im Übrigen selbst bei der Erarbeitung der „Digesten" mit Hand angelegt hatte, ein umfassendes Kommentierungsverbot (dessen Reichweite freilich begrenzt blieb). Juristische Texte außerhalb der „Digesten" sollten ihre Relevanz verlieren, ein einziges Werk fortan als Referenz für römische Rechtsgelehrte und Richter dienen, der

Eine Eheschließung nach römischem Recht („Codex Iustinianus", byzantinische Miniatur von 1350).

Ein Schwerkranker diktiert sein Testament („Codex Iustinianus", Miniatur von 1350).

Herrscher selbst dadurch die Hoheit über das Recht behalten. Dass Letzteres trotz allem weiterhin flexibel den sich wandelnden Rahmenbedingungen angepasst werden musste, sah freilich auch der Kaiser – und trug diesem Umstand seit 535 in seinen „Novellen" Rechnung.

Vorerst jedoch galt es, die Arbeiten am Fundament abzuschließen: Gleichzeitig mit den „Digesten" legte der Kaiser ein verbindliches Handbuch für das Rechtsstudium vor, die „Institutiones". Einmal mehr hatte Tribonian die zuständige Kommission geleitet, der auch die berühmten Rechtsgelehrten Theophilos von Konstantinopel und Dorotheos von Berytos (Beirut) angehörten – Vertreter der seinerzeit wichtigsten Rechtsschulen der Mittelmeerwelt. Ein neues Curriculum wurde in den „Institutiones" festgeschrieben, und Justinian verbarg seine weit ausgreifenden Ansprüche nicht: Im Jahr 534 ließ er „Digesten" und „Institutiones" nach Rom versenden, das damals noch unter ostgotischer Herrschaft stand, auch wenn sich die von Justinian betriebene und Anfang der 550er Jahre erfolgreich abgeschlossene Rückeroberung Italiens allmählich abzuzeichnen begann.

Schon die Neuauflage des „Codex Iustinianus" hatte der Kaiser im Jahr 534 mit seinem Streben nach Vollendung begründet. Unzulänglichkeiten und Fehler galt es beständig zu korrigieren. Diese Haltung spiegelt sich nicht nur in den radikalen Uniformierungstendenzen, welche die Herrschaftszeit Justinians generell kennzeichnen, sondern auch in einem steten Fluss von Rechtsbestimmungen wider. Man hat mitunter gefragt, ob die Vielzahl der bekannten Gesetze Justinians nicht lediglich dem Zufall der Überlieferung geschuldet ist, der gerade diesen Kaiser in besonderem Maße begünstigt haben könnte. Doch zeigen sich auch auf anderen Politikfeldern erstaunliche Aktivitäten, so dass man wohl mit gutem Grund davon ausgehen kann, dass Justinians ruhelose Gesetzgebungstätigkeit tatsächlich einzigartig und typisch für ihn war.

Bereits unter den 4680 Gesetzen des Kodexes geht ein Anteil von acht Prozent auf diesen Kaiser zurück. Besondere Intensität erreichte seine Aktivität in den Jahren 535 bis 539, in denen Justinian eine „Novelle" auf die andere folgen ließ. Nicht immer ging es dabei um Regelungen grundsätzlicher Natur, sondern weiterhin bildeten aus der Situation geborene Maßnahmen einen wesentlichen Bestandteil der Gesetzgebung, und weiterhin stellte diese ein wichtiges Medium der Kommunikation zwischen Kaiser und Eliten dar, weiterhin signalisierte der Herrscher mit seinem juristischen Eifer auch seine allumfassende Fürsorge (*philanthropía*) gegenüber der Bevölkerung.

Marodierende Banden oder Korruption: Der Herrscher regelt alles

Die beiden letztgenannten Aspekte finden ihren Ausdruck besonders in den *praefationes*, den Einleitungen der Gesetzestexte, in denen der Kaiser Auskunft gibt über sein Selbstverständnis und die Grundlinien seiner Herrschaft. Die *praefationes*, die sich vor allem in den „Novellen" finden (in den Kodizes selbst wurden sie aufgrund ihrer Bedeutungslosigkeit für die Rechtsinhalte entfernt), zählen zu den wichtigsten Zeugnissen für die kaiserliche Repräsentation. Sie benennen Anlässe und Kontexte der jeweiligen Bestimmungen (über die wir sonst zumeist nur wenig erfahren) und helfen uns damit, die Umstände, aus denen heraus Gesetze entstanden, nachzuvollziehen. Justinian präsentiert sich in seinen Vorworten als permanent um das Wohl der „Untertanen" bemühter, vorbildlicher Herrscher. Er erklärt, warum Unvollkommenes korrigiert werden müsse und wie der Wandel der Dinge ihn zwinge, immer wieder neue Gesetze zu erlassen. Die Notwendigkeit, das Recht den sich rasch verändernden Rahmenbedingungen anzupassen, zieht sich leitmotivisch durch seine Gesetze. Justinian rechtfertigte damit seine intensive Gesetzgebungstätigkeit, die kritische Zeitgenossen als pathologische, ja zerstörerische Neuerungssucht werteten. „Reformen" genossen in der Spätantike durchaus nicht dieselbe Hochschätzung wie heute.

Die „Novellen" der 530er Jahre zeichnen sich in besonderem Maße durch Bezugnahmen auf die Vergangenheit aus – ein wesentliches Element des justinianischen „Klassizismus". Eine Reihe von Rechtsbestimmungen, in denen die Organisation wichtiger Provinzen neu geregelt wird, präsentiert in wortreichen Einleitungen eigentümliche Geschichtskonstrukte als Begründung für die nachfolgenden Maßnahmen. Tatsächlich reagierte der Kaiser in seiner Provinzialgesetzgebung lediglich auf aktuelle Missstände, zum Beispiel auf das Problem marodierender Banden. Oder es ging darum, Korruption in der Verwaltung zu bekämpfen. Dabei wurden allerdings wichtige Neuerungen eingeführt: Vikariate (Mittelinstanzen zwischen den übergeordneten Präfekturen und den Provinzen) wurden abgeschafft, Ämter aufgehoben bzw. neu zugeschnitten, mitunter wurde die für die Spätantike bis dahin charakteristische Trennung von ziviler und militärischer Gewalt beseitigt – ein für die Zukunft wegweisender Schritt, der die Struktur des mittelbyzantinischen Reiches bereits andeutet.

Der Kaiser, der die Texte der „Novellen" wahrscheinlich häufig selbst mitgestaltete, sah sich selbst als allzuständig und scheute nicht davor zurück, in sämtliche Bereiche des Alltags seiner „Untertanen" einzugreifen. Erkennbar durchwirkt der Drang zur Vereinheitlichung unter christlichen Vorzeichen seine Maßnahmen – gerade auch im kirchlichen Bereich. Zahlreiche Regelungen betrafen die Bischöfe, ihre Wahl, ihre integre Lebensführung, aber auch ihre Tätigkeitsfelder: Justinian übertrug ihnen Aufgaben auf lokaler Ebene, er band sie in die Verwaltungsstrukturen des Reiches ein und ließ sie das von ihm geschaffene Recht umsetzen. Damit wurden zum einen die bisherigen Autoritäten vor Ort – lokale und regionale Amtsträger sowie die ansässigen Eliten – geschwächt und stärkerer Kontrolle unterworfen, zum anderen der Christianisierungsprozess noch weiter vorangetrieben.

Weitere Gesetze galten den Mönchen, deren charismatische Ausstrahlung die Kaiser ein ums andere Mal in gefährliche Situationen gebracht hatte. Justinian versuchte nun, sie an Klöster zu binden und allgemein stärker zu kontrollieren. Überhaupt stellte der kirchliche Bereich eines der wesentlichen Felder dar, auf denen die kaiserliche Gesetzgebung sich vollzog. Die Reinheit der Kirche und Kleriker war dem Herrscher, der sich als ihr Hüter verstand und durchaus auch in dogmatischen Fragen Mitsprache beanspruchte, ein besonderes Anliegen. Er ratifizierte Kirchenbanne (Anathematismen) und Bischofsabsetzungen und trug mit seinen Regelungen zur Christianisierung des Rechtswesens bei. Fortan sollten in jedem Gerichtssaal die Evangelien verfügbar sein, Eide wurden auf die Bibel abgelegt.

Auch jene Verfahren, die außerhalb der Bischofsgerichte durchgeführt wurden, standen somit unter christlichen Vorzeichen. Gleichzeitig bestimmte der Kaiser, dass seine Gesetze in Kirchen zu publizie-

Justinians Ehefrau Theodora (Detail des Mosaiks von San Vitale in Ravenna) starb 548. In den 540er Jahren ließ der gesetzgeberische Eifer des Kaisers nach.

ren seien („Novelle“ 8); die „Kanones“ der ersten vier ökumenischen Konzilien erhielten Gesetzeskraft („Novelle“ 131, 1). Weltliches und kirchliches Recht begannen unter Justinian zusammenzuwachsen – eine Entwicklung, die sich ebenfalls als kennzeichnend für die weitere byzantinische Geschichte erweisen sollte.

Die Fürsorge für Schwächere, zu denen auch Frauen gehörten, stellte ein weiteres Leitmotiv justinianischer Gesetzgebung dar. Sie wird häufig im modernen Sinn als Sozialgesetzgebung missverstanden. Doch es ging dem Kaiser vor allem darum, seinen Fürsorgepflichten vor Gott nachzukommen. Auch die sittliche Lebensführung der „Untertanen“ spielte eine wichtige Rolle, daneben Fragen des Eigentums-, Erb- und Eherechts – und natürlich: die Effizienz der Ressourcenabschöpfung.

Die ausgreifende Baupolitik und die zahlreichen Kriege, die Justinian führte, waren kostspielig, und so mussten neue Finanzquellen erschlossen werden. Der Kaiser begegnete dieser Herausforderung vor allem dadurch, dass er Missstände in der Verwaltung konsequent zu bekämpfen versuchte. Damit jedoch geriet er unweigerlich mit den wohlhabenden Eliten in Hauptstadt und Provinzen in Konflikt, deren Angehörige in der Verwaltung tätig waren und den Aktionismus des sozialen Aufsteigers Justinian und seiner Gefolgsleute ohnehin mit Argwohn betrachteten.

Sie waren es denn auch, die immer wieder Sand ins träge Räderwerk der Verwaltung streuten und dem Kaiser damit den Wind aus den Segeln nahmen. Sein Reformeifer, der sich gerade auch auf den Einfluss der traditionellen Eliten richtete, zerschellte vielfach regelrecht an den etablierten Strukturen und ihren Profiteuren, und so blieb – ungeachtet der Tatsache, dass wir über die tatsächliche Rechtspraxis nur sehr ausschnitthafte Kenntnisse (Papyrusfunde) besitzen – zahlreichen Maßnahmen Justinians eine langfristige Wirkung versagt.

In den letzten Lebensjahren erlahmt des Kaisers Eifer

Ob der Kaiser an dieser Erkenntnis zerbrochen ist? Erkennbar lässt jedenfalls seine Gesetzgebungstätigkeit in den 540er Jahren nach. Damals brachen schwere Zeiten an: Das Kriegsglück in Italien und im Osten wandte sich zuungunsten der Römer, auswärtige Barbaren überrannten die Grenzen, Katastrophen, gipfelnd in der Pest, die seit 541 im Mittelmeerraum grassierte, legten sich lähmend über das Reich. Gott hatte sich offenkundig von seinem Schützling abgewandt. Justinian verbrachte die letzten Jahre seiner Herrschaft weniger mit dem Formen neuer Gesetze als mit dem Studium der Theologie. Seine Vertrauensleute früherer Zeiten, Johannes der Kappadoker und Tribonian, standen ihm nicht mehr zur Verfügung, im Jahr 548 starb auch seine Ehefrau Theodora, und noch einmal ging die Anzahl der kaiserlichen Verlautbarungen zurück. Die von Justinian geplante Sammlung seiner eigenen Novellen wurde zu seinen Lebzeiten nicht umgesetzt – vielleicht einmal mehr die Konsequenz aus der Einsicht, dass der stete historische Wandel einer Konservierung des Rechts im Weg stand.

Während das justinianische Kodifikations- und Gesetzgebungswerk im Westen erst im Hochmittelalter wieder zur Geltung gelangte, blieb es im Byzantinischen Reich präsent. Unter Kaiser Leon VI. wurde es im späten 9. Jahrhundert den veränderten Rahmenbedingungen angepasst und floss in die Sammlung der „Basiliken“ ein. So bildete es über Jahrhunderte hin das Rückgrat des römischen Rechts im christlichen Reich des Orients.

Prof. Dr. Mischa Meier, geb. 1971, lehrt Alte Geschichte an der Universität Tübingen.

Kaiser und Kirche in Ost und West

Byzanz als Vorreiter

Bernd Schneidmüller

Das Verhältnis von Kaiser und Kirche prägte das Kaisertum sowohl im Osten als auch im Westen. Im Byzantinischen Reich erhielt sich die Dominanz des Herrschers gegenüber den Bischöfen, die bereits Konstantin durchgesetzt hatte. Im Westen ertrotzten sich die Päpste dagegen Freiräume, die den Patriarchen in Konstantinopel niemals offenstanden.

Seit der Zeitenwende entwickelte sich im Römerreich das antike Kaisertum. Für fast zwei Jahrtausende bestimmten Kaiser die Geschichte des weiteren Mittelmeerraums und prägten die Durchsetzung von Christentum und Islam. Wie variabel das Imperium gedacht und realisiert werden konnte, wird im Wechsel jener Vorbilder deutlich, die dem Kaiser in unterschiedlichen Sprachen seinen Namen gaben. Auf dem antiken Imperator, also auf dem Feldherrn, bauen die romanischen Sprachen und das Englische auf (französisch *empereur*, italienisch *imperatore*, englisch *emperor*). An Caesar (gest. 44 v.Chr.) als dem diktatorischen Wegbereiter orientieren sich die germanischen oder slawischen Sprachen: Kaiser oder Zar. Im Latein der Antike und des Mittelalters trat der römische Princeps Augustus (gest. 14 n.Chr.) als Namensgeber hinzu; hier hieß der Kaiser *Caesar Augustus Imperator*. Im Griechischen übersetzte man das als *Basileus*.

Das kaiserliche Amt war in einem Dilemma entstanden. Auch wenn Caesar oder Augustus unumschränkt regierten, durfte ihre Alleinherrschaft nicht Monarchie (Herrschaft eines Einzelnen) heißen. Weil am Anfang der römischen Geschichte zuerst Könige regiert hatten, galt das Königtum den Römern als die übelste Herrschaftsform. Dagegen setzten sie zwei republikanische Prinzipien: die Gleichzeitigkeit von mindestens zwei Amtsträgern und den jährlichen Rhythmus des Amtswechsels (Annuität).

Caesar, Augustus und ihre Nachfolger ließen die alten Titel und Würden zwar bestehen. Doch die grundlegenden Ideen der Kollegialität und der Annuität verschwanden, als das militärische Kommando und die Amtsgewalt dauerhaft auf einen Herrscher vereint wurden. In der heidnischen Antike

Silvester I. amtierte von 314 bis 335, zu Zeiten von Kaiser Konstantin, als Papst in Rom. Vom Kaiser erhielt er als Zeichen seiner Macht die Papstkrone überreicht (Fresko aus dem Jahr 1246 in der Kapelle Santi Quattro Coronati in Rom).

Der heilige Petrus übergibt Papst Leo III. (795–816) und Kaiser Karl dem Großen (800–814) eine Fahne. Das Mosaik im Triclinium des Lateran-Palastes in Rom verweist auf die enge Beziehung, die zwischen dem neuen Kaisertum des Westens und den Päpsten bestand. Das Papsttum erhob später den Anspruch, über dem weltlichen Herrscher zu stehen.

garantierte dieser Imperator als oberster Priester auch den Kult der Götter und damit das Wohlergehen des Staats. Bald wurde der Herrscher selbst vergöttlicht und in sakrale Sphären entrückt.

Die Christianisierung verwandelte den Kaiser vom Gott zum Menschen, denn der eifernde Christengott duldete keine Götter neben sich. Trotzdem erhielt sich die herrscherliche Gestaltungskraft auf die Religion in verwandelten Formen. Mit der Hinwendung Kaiser Konstantins I. des Großen (gest. 337) zum Christentum veränderten sich deshalb das Reich und die Kirche. Das Christentum als künftige Herrschaftstheologie verdrängte zwar seit dem ausgehenden 4. Jahrhundert die heidnischen Kulte, reicherte sich aber mit ihren Elementen an. Bei ihrer Durchsetzung im Reich mussten die Christen einen selbstbewussten Kaiser aushalten. Er berief die großen Synoden ein und garantierte die Durchsetzung der Glaubenslehren. Das erforderte ständige Kompromisse, deren Folgen bis in den Gegenwart reichen. Konstantin sorgte beispielsweise dafür, dass am 25. Dezember der Festtag des von ihm verehrten unbesiegbaren Sonnengotts mit dem Geburtstag Jesu zum Weihnachtsfest verschmolz.

Mühsam bogen christliche Theologen Konstantins Idee einer Christusgleichheit nach seinem Tod zur Apostelgleichheit um. Mehr war für einen Christen eigentlich kaum auszuhalten. In diese neue Nähe von Kaisertum und Christentum gehörte das rätselhafte Programm von Konstantins Grablege. Im ersten Drittel des 4. Jahrhunderts hatte er die Reichshauptstadt vom alten Rom zum neuen Rom am Bosporus verlegt, das als Konstantinopel seinen Namen trug. Hier wurde an einer der höchsten Stellen die Apostelkirche errichtet, nach der Hagia Sophia das wichtigste Gotteshaus. Bei der osmanischen Eroberung im Jahr 1453 zerstört, machte es der heutigen Fatih-Moschee Platz. Ursprünglich stand Konstantins Sarkophag in der Nähe des Altars der Apostelkirche, von zwölf Monumenten umgeben. Präsentierte sich so der Kaiser als Zentrum der zwölf Apostel? War er ihre Mitte, oder trat er als 13. Apostel hinzu? Die Deutung ist umstritten, zumal wir über die Beschreibung durch bloße Worte hinaus keine wirkliche Anschauung vom Ensemble besitzen.

Römische Kontinuität in Konstantinopel

Mit seinen Weichenstellungen wies Kaiser Konstantin für Reich und Kirche neue Wege. Der Neubeginn am Bosporus im früheren Byzantion verschob die Geographie des Reichs und seine kulturelle Prägung. Noch regierten im Westen römische Kaiser bis 476. Aber Konstantin stiftete in seiner Hauptstadt eine neue Kontinuität, die bei allen Anfechtungen bis zur osmanischen Eroberung Bestand hatte. Deshalb beginnt mit Konstantin I. das byzantinische Kaisertum, das mit dem Schlachtentod Konstantins XI. am 29. Mai 1453 sein Ende fand.

In dieser langen Dauer verwandelte sich das Reich vom 4. bis zum 15. Jahrhundert. Es öffnete sich der griechischen Sprache und Kultur und musste seine politischen Reichweiten nach wiederholten Rückschlägen zurücknehmen. Doch der universale Anspruch der Anfänge erhielt sich ebenso wie das Beharren auf der Kontinuität des Römischen seit der Gründung Roms durch Romulus und Remus (angeblich 753 v. Chr.). Diese ununterbrochene Tradition von mehr als 2000 Jahren wurde zum selbstbewussten Markenzeichen. Es hielt lange alle äußeren Herausforderungen aus, von der muslimischen Expansion in der Mittelmeerwelt bis zur Wiederbegründung eines lateinischen Kaisertums im Westen 800. *Basileus ton Romaion* – Kaiser der

Römer: Mit diesem Titel demonstrierten die Imperatoren in Konstantinopel ihr Römertum.

In bedrängter Zeit ließ sich daraus die Fiktion einer Hoheit über alle Könige und Mächte auf Erden erfinden. Wer diesen Anspruch nur aus dem kläglichen Untergang des Byzantinischen Reichs bewertet, spricht allzu leicht von Überheblichkeit oder Tragik. Doch dieses Urteil greift zu kurz. Gerade das Festhalten an imperialer Kontinuität sicherte die lange Erfolgs- und Überlebensgeschichte.

Diese lange Dauer von wenigstens einem Jahrtausend zählt zu den Kennzeichen vormoderner Imperien. Dies gilt für das Byzantinische Reich ebenso wie für seine neuen Konkurrenten in Ost und West. Diese verdankten ihren Weg in die Geschichte überhaupt erst der Kaisermacht am Bosporus. Das islamische Kalifat des 7./8. Jahrhunderts mit seiner Zentrumsbildung in Bagdad entstand vor der Folie des römischen Kaisertums in Konstantinopel. Die Hauptstadt hatte seit 626 erfolgreich persische und arabische Belagerungen bestanden und damit der unaufhaltsam anmutenden islamischen Expansion die erste Hemmschwelle gesetzt. Gewiss wogen die Verluste bedeutender Provinzen in Ägypten und Syrien schwer. Das nötigte zur Konzentration auf Konstantinopel und seine weitere Umgebung. Trotzdem wirkten die byzantinische Selbstbehauptung und seine Idee vom Imperium im transkulturellen Austausch auf die Formierung des muslimischen Kalifats.

Erstaunlich parallel entfalteten sich später die Konkurrenzen, welche die universalen Herrscher in Konstantinopel und Bagdad aus dem Westen erfuhren. Gegen Byzanz setzten Karl der Große 800 und Otto der Große 962 ihr neues, in Rom begründetes christliches Kaisertum. Seit dem 12. Jahrhundert nannte es sich „Heiliges Römisches Reich" und bestand bis zum Ende des Heiligen Römischen Reichs Deutscher Nation 1806 über mehr als 1000 Jahre. Auch in der islamischen Welt erschütterte die Bildung von Gegenkalifaten der Fatimiden in Kairo und der Omaijaden in Córdoba im 10. Jahrhundert die abbasidische Einheitlichkeit. Fortan konkurrierten mehrere

Kaisererhebung in Byzanz: Leon V. (813–820) wird anstelle Michaels I. (811–813) zum Kaiser von Byzanz ausgerufen (Buchmalerei aus der Chronik von Johannes Skylitzes, 13. Jahrhundert). Beide Herrscher werden auf einem Schild emporgehoben. Tatsächlich ist die Szene weniger harmonisch verlaufen – Michael musste nach einer verheerenden Niederlage gegen die Bulgaren abdanken.

Potentaten um den Vorrang in der muslimischen Glaubensgemeinschaft. Auch hier wirkte die lange Dauer. Das von den Sultanen beanspruchte Kalifat in Istanbul ging erst nach dem Ende des Osmanischen Reichs 1922 unter.

Vom Gott zum Kaiser aus Gottes Gnade

Als neue Hauptstadt prägte Konstantinopel das Autoritätengefüge christlicher Gemeinschaften. Sie hatten in den Verfolgungen der ersten Jahrhunderte keine festen Strukturen ausgebildet. Im Überlebenskampf sorgten Bischöfe, Priester und Vorsteher für Seelsorge, Predigt und Mission. Das förderte lokale Vielfalt. Die Durchsetzung des Christentums als Herrschaftsreligion schuf aber bald eifernde Hierarchien. Jetzt entstanden kirchliche Strukturen, die sich an der Administration des Reichs orientierten. Erst in dieser Legalität wurden die Unterschiedlichkeiten in der Ausprägung des Glaubens entdeckt. Daraus entstand der Zwang zur Eindeutigkeit. Der eine Glaube in dem einen Reich unter dem einen Kaiser duldete keine Unbestimmtheiten mehr.

Auch wenn der Kaiser kein Gott mehr sein durfte, herrschte er doch aus Gottes Gnade. Seine frühere Kompetenz als oberster Priester der vielen Götter übertrug er nun auf die Verantwortung vor dem einen Gott. So bedienten sich durchsetzungsstarke Bischöfe in ihren theologischen Differenzen der kaiserlichen Autorität zur Beseitigung von Zweifeln und zur verbindlichen Fixierung von Glaubenswahrheiten. Jetzt wurden überall Abweichungen, Spaltungen, Häresien entdeckt, weil erst eine formierte Amtskirche zwischen Wahr und Falsch, zwischen Rechtgläubigkeit und Ketzerei unterscheiden konnte. Die Spaltung der von Gott gewollten Einheit wurde als verdammungswürdiges Abirren verurteilt und später als todeswürdiges Verbrechen geahndet.

Die Kaiser dürften kaum alle theologischen Dispute verstanden haben. Doch sie beriefen die ökumenischen Konzilien (von griechisch *oikumene* = ganze Erde) ein und garantierten die Verbindlichkeit der Beschlüsse. So tagten zwischen 325 und 787 in Nikaia, Konstantinopel, Ephesos und Kalchedon sieben allgemeine Bischofsversammlungen. Ihre Beschlüsse werden bis heute von den orthodoxen, katholischen und evangelischen Kirchen als Glaubenslehren akzeptiert.

Drei dieser sieben Konzilien fanden in Konstantinopel statt. Das verdeutlicht den Rang der Hauptstadt für die Kirchengeschichte. Am Bosporus führte man die eigenen christlichen Anfänge auf den Apostel Andreas zurück und sicherte sich so ein ehrwürdiges Alter aus urkirchlichen Wurzeln. Zum

Die Hagia Sophia, erbaut unter Kaiser Justinian 532 bis 537, war die Hauptkirche des Byzantinischen Reichs und Zentrum der orthodoxen Kirche. Die Farblithographie zeigt den Längsschnitt durch die mächtige Kuppelbasilika.

Maßstab der kirchlichen Traditionsbildung wurde aber das wachsende Selbstbewusstsein des Bischofs von Rom. In der alten Reichshauptstadt führte er sein Amt auf Petrus und Paulus als die beiden wichtigsten Apostel zurück. Auch wenn der Vorrang des Apostelfürsten Petrus durch Jesusworte im Neuen Testament begründet war, fand das römische Papsttum als höchste Entscheidungsinstanz in der Christenheit nur zögerliche Akzeptanz. Im Westen gelang der Durchbruch erst im Ringen zwischen Kaisern und Päpsten seit dem 11./12. Jahrhundert.

Geistliche Konkurrenten in Ost und West

Die dafür nötigen Spielräume in Rom und Italien verdankten die Päpste letztlich der Verlagerung der kaiserlichen Residenz. Nach dem Wechsel nach Konstantinopel bauten die weströmischen Kaiser ihre neuen Zentren in Augusta Treverorum (Trier) und Ravenna auf. Nur deshalb erlangten die Päpste, als Mitspieler städtischer Eliten, ihre weltliche Macht in Rom. Diesen Führungsanspruch bauten sie später zur Fiktion aus, Kaiser Konstantin I. hätte ihnen die kaiserlichen Rangabzeichen und die weltliche Herrschaft über Rom und alle Provinzen des Westens übertragen.

Am Anfang der byzantinischen Papstgeschichte stand dagegen die Unterordnung unter den kaiserlichen Hof in Konstantinopel und die offene Konkurrenz mit anderen geistlichen Oberhäuptern. Wie das römische Papsttum führten sich die Patriarchate (von griechisch *patér* = Vater, *arché* = Ursprung) von Jerusalem, Alexandreia und Antiocheia auf urkirchliche Wurzeln zurück. Die Christengemeinde in Jerusalem war von der Apostelgemeinschaft, die von Antiocheia vom Apostel Petrus und die von Alexandreia vom Evangelisten Markus gegründet worden. In solche Traditionen fügte sich seit dem 4. Jahrhundert das neue Patriarchat von Konstantinopel ein.

Die langsame Entfremdung der römischen Päpste vom Machtzentrum in Konstantinopel beschleunigte sich im 8. Jahrhundert. Damals lösten die Kaiser Süditalien und Illyrien aus dem geistlichen Verfügungsbereich Roms heraus und unterstellten diese Provinzen dem griechischen Patriarchen von Konstantinopel. In den Franken, die damals zur Vormacht im Westen Europas aufstiegen, fanden die Päpste seit 754 ihre neuen Schutzherren.

Fortan nahm die Konkurrenz zwischen den Patriarchen des alten und des neuen Roms ihren Lauf, seit 800 eingewoben in die Rivalität zweier Imperien, die sich beide als legitime Fortsetzer der römischen Geschichte und als Garanten des Christentums präsentierten. Seit der Jahrtausendwende waren die Grenzen der jeweiligen Missionsräume in Europa abgesteckt. Die neuen Reichsbildungen auf dem Balkan und das Großreich Kiewer Rus öffneten sich dem griechischen, das mittlere und das nördliche Europa dem lateinischen Ritus.

In Rom ließ Kaiser Konstantin über dem Grab von Petrus die erste Basilika errichten (Zeichnung von Domenico Tasselli).

Der Papst genießt mehr Freiräume als der Patriarch

Die christlichen Kaiser der Spätantike legitimierten ihre Herrschaft zwar aus der Gnade Gottes, ihr Amt verdankten sie aber dem Heer, dem Senat und dem Volk. Diesen Fundamenten der Macht entsprachen die symbolischen Erhebungsakte, vor allem die Akklamation und die Schilderhebung durch das Heer. Die militärische Kommandogewalt bildete die entscheidende Grundlage des Kaisertums. Öffentliche Zustimmungsakte durch Senat und Volk kamen hinzu und machten die Hauptstadt zur politischen Bühne der Macht. Jeder Kaiser musste sich in Konstantinopel durchsetzen und dort seine Herrschaft behaupten.

Die Legitimierungsakte beim Herrschaftsantritt variierten, so dass man im Wandel der Jahrhunder-

Theodosius I. (379–395; zeitgenössische Marmorskulptur) wurde im Jahr 390 vom Mailänder Bischof Ambrosius als Sünder gebrandmarkt. Wegen einer brutalen Strafaktion gegen die Bürger von Thessalonike musste der Kaiser öffentlich Reue bekennen.

te den wichtigsten Moment gar nicht so genau benennen kann. Im lateinischen Westen war dies ganz anders. Hier markierte zwischen 823 und 1452 die liturgische Krönung durch den Papst den exakten Beginn des Kaisertums. In Konstantinopel wechselten sich dagegen Schilderhebungen durch das Heer, Akklamationen durch Senat oder Volk, Einsetzungsakte durch den kaiserlichen Vater und Einkleidungen mit Halsreif (Torques), Krone oder Gewändern ab. Entscheidend war hier die Kombination öffentlicher Akte, unter denen auch die liturgische Weihe einen wichtigen Platz einnahm. Erst im späteren 5. Jahrhundert kam eine Krönung durch den Patriarchen dazu, die seit dem 7. Jahrhundert in der Hauptkirche Hagia Sophia durchgeführt wurde. Doch die Patriarchenkrönung erlangte niemals den allein gültigen Rang der westlichen Papstkrönung.

Deshalb unterschieden sich die Verhältnisse zwischen Kaiser und Kirche in Ost und West. Im Byzantinischen Reich erhielt sich die Dominanz, mit der bereits Konstantin der Große seine Bischöfe behandelt hatte. Von den Freiräumen, die sich die hochmittelalterlichen Päpste von den Kaisern und Königen des Westens ertrotzten, blieben die Patriarchen von Konstantinopel weit entfernt. Diese verdankten ihre Erhebung vielmehr dem kaiserlichen Willen. Ein solcher herrscherlicher Zugriff lässt sich im Westen nur in kurzen Perioden im 10. und 11. Jahrhundert beobachten. Danach erfolgte die Papstwahl allein durch das Kardinalskollegium und blieb eine rein geistliche Angelegenheit. Anders im Osten: Für die Erhebung eines neuen Patriarchen präsentierten die Metropoliten dem Kaiser in der Regel eine Dreierliste. Die Auswahl lag jedoch beim Kaiser, der den Vorschlag auch ignorieren und einen eigenen Favoriten ins Amt bringen konnte.

Die historische Forschung hat dieses Abhängigkeitsverhältnis lange abschätzig als „Cäsaropapismus", als unumschränkte Kirchenherrschaft des Kaisers bezeichnet. Heute lehnt man diesen Begriff mit guten Gründen ab, denn auch im Byzantinischen Reich blieb das Verhältnis von Kaisertum und Geistlichkeit durch wechselseitige Respektierung eigenständiger Handlungssphären geprägt. Bisweilen setzten sich sogar starke Patriarchen gegen den kaiserlichen Willen durch. Schon Kaiser Theodosius I. (gest. 395) hatte die geistliche Leitungsgewalt des Ambrosius von Mediolanum (Mailand) akzeptieren müssen. Analog zur Herrscherbuße des alttestamentlichen Königs David trat der Kaiser öffentlich als Sünder auf. So brauchten die byzantinischen Kaiser ihre Geistlichkeit als Vermittler und Fürbitter vor Gott. Bei ihrer Krönung schworen die Herrscher, niemals von der Rechtgläubigkeit, der Orthodoxie, zu weichen. Um deren Eindeutigkeit und Auslegung wurde freilich beständig gerungen, und nicht immer vermochte der Kaiser in solchen Kontroversen die Lösung zu weisen. Doch niemals hätten es byzantinische Geistliche gewagt, einen regierenden Herrscher öffentlich als Häretiker zu verurteilen.

Das blieb den römischen Päpsten vorbehalten, die seit 1077 wiederholt die römischen Könige und Kaiser des Westens aus der Gemeinschaft der Gläubigen ausstießen. Eine Liste der gebannten Kaiser zwischen 1080 und 1347 zeigt, dass die päpstliche Exkommunikation sogar eher Regel als Ausnahme war. Damals mussten sechs westliche Kaiser (Heinrich IV., Heinrich V., Friedrich I. Barbarossa, Otto IV., Friedrich II., Ludwig IV.) den Bann aushalten, vier davon bis zum Tod. Nur drei Kaiser (Lothar III., Heinrich VI., Heinrich VII.) herrschten und starben ohne päpstliche Anfechtung.

In Konstantinopel war solcher Zwist undenkbar, obwohl durchaus Stimmen über Ketzerei einzelner Kaiser laut wurden. Dagegen stand freilich ihr gesteigertes Selbstbewusstsein. Folgt man seinem Chronisten Niketas Choniates, soll Kaiser Andronikos I. Komnenos (1183 – 1185) erklärt haben: „Nichts ist für die Kaiser unregelbar, und es gibt nichts Schlechtes, das ihre Kraft überfordert.“ (Zitat nach Ralph-Johannes Lilie, 2008, Seite 211). Diese Worte entstanden wenige Jahre nachdem sich Kaiser Friedrich I. Barbarossa 1177 in Venedig öffentlich durch Kniefall und Fußkuss vor Papst Alexander III. gedemütigt hatte.

So beugten sich im Osten Patriarchen, Bischöfe oder Äbte der kaiserlichen Befehlsgewalt, jedenfalls so lange, wie sich der Kaiser im diffizilen Machtgefüge behauptete. In diesem vibrierenden Miteinander von Senatoren, Familienklans und Militärbefehlshabern spielte auch die hohe Geistlichkeit eine bemerkenswerte Rolle. Doch es blieb stets gefährlich, als Patriarch von Konstantinopel mit Kritik hervorzutreten oder im Machtkampf der Eliten auf einen falschen Kaiserkandidaten zu setzen. Bis 1453 wurden mehr als 30 Patriarchen abgesetzt, 20 weitere zur Abdankung gezwungen. Vergleicht man das mit der Liste der Päpste, so bescherte das römische Amt größere Chancen des Überdauerns. Doch prekär waren im Byzantinischen Reich nicht nur die kirchlichen Karrieren. Auch die byzantinischen Kaiser lebten gefährlicher als die mittelalterlichen Imperatoren des Westens.

Das Intermezzo der lateinischen Kaiser

Das byzantinische Kaisertum bestand in nahezu ungebrochener Kontinuität bis zur Eroberung Konstantinopels durch Sultan Mehmed II. 1453. Diese Zäsur markierte allerdings nicht die erste Katastrophe der Kaiserstadt. Im Jahr 1204 leiteten die Venezianer ein westliches Kreuzfahrerheer, das eigentlich zur Befreiung der heiligen Stätten in Palästina aufgebrochen war, kurzerhand an den Bosporus um. Nach der Eroberung und Plünderung Konstantinopels wurde hier ein lateinisches Kaiserreich mit einem westlich-katholischen Patriarchen eingerichtet.

Auch wenn sich Papst Innozenz III. (1198 – 1216) nicht leicht mit der Rechtfertigung dieses Überfalls von Christen auf Christen im Namen Jesu tat – in der Eroberung und Plünderung der ehrwürdigen Kaiserstadt am Bosporus durch die Lateiner entlud sich ein jahrzehntelanger Hass, der sich seit den westlichen Kreuzzügen ins Heilige Land aufgestaut hatte. Die Byzantiner brauchten zwar nach ihrer katastrophalen Niederlage gegen türkische Seldschuken 1071 in Manzikert westliche Waffenhilfe. Längst war die Kaisermacht des Ostens auf überschaubare Kerne auf dem Balkan und in Kleinasien zusammengeschrumpft. Doch die Etablierung westlicher Kreuzfahrerreiche und lateinischer Patriarchate in Palästina verletzte das byzantinische Herrschaftsrecht.

Den westlichen Kreuzfahrern, die ihr Leben in einem heiligen Krieg gegen die Muslime aufs Spiel setzten, galten die Byzantiner dagegen als treulos, unberechenbar und hinterhältig. Aufgestaute Animositäten entluden sich in einem Blutrausch ohne Vorbild. Die 1204 eingerichtete

Heinrich VII. war einer der wenigen westlichen Kaiser, die nicht vom Papst mit dem Bann belegt wurden. Im „Codex Balduini Trevirensis“ ist abgebildet, wie Heinrich im Jahr 1310 mit seinem Heer über die Alpen nach Italien zog. 1312 wurde er in Rom von drei vom Papst entsandten Kardinälen zum römischen Kaiser gekrönt.

Satellitenherrschaft eines lateinischen Kaisers und eines lateinischen Patriarchen in Konstantinopel behauptete sich gegen das nach Kleinasien verdrängte byzantinische Kaisertum bis 1261. Dann glückte Kaiser Michael VIII. Palaiologos (1259/1261–1282) die Rückeroberung seiner Reichshauptstadt. Wir blicken also auf eine durch 57 lateinische Jahre unterbrochene Kontinuität byzantinischer Kaiserherrschaft, die vom ersten Drittel des 4. Jahrhunderts bis 1453 am gleichen Ort bestand.

In ganz anderer Weise wurde im lateinischen Westen das 476 untergegangene römische Kaisertum durch Karl den Großen 800 wiedererrichtet und 962 durch Otto den Großen dauerhaft mit dem ostfränkisch-deutschen Königtum verbunden. Diese Könige zogen bis 1452 unverdrossen über die Alpen, um in Rom vom Papst die Kaiserkrone zu empfangen. Als Erster verzichtete Maximilian I. auf diesen liturgischen Akt und nannte sich 1508 nur noch „Erwählter Römischer Kaiser". Sein Enkel Kaiser Karl V. war der letzte Kaiser, der vom Papst 1530 gekrönt wurde, allerdings in Bologna. Fortan begründeten die Könige ihr römisches Kaisertum bis 1806 – fern von Rom und vom Papst – mit der Wahl durch die Kurfürsten in Frankfurt am Main.

Oft sitzen die Herrscher nur kurz auf dem Thron

Solche Kontinuitäten im Titel von Kaiser und Reich überdecken freilich die vielen Brüche und Spannungen, vor allem aber die immensen Unterschiede zwischen dem byzantinischen und dem lateinischen Kaisertum. Die Differenz ergab sich aus der Abfolge der Kaiser. Im Osten folgte beständig ein Kaiser auf den anderen, so dass Kaisertum und Reich miteinander verschmolzen. Das westliche Reich kam dagegen über lange Phasen ohne gekrönte Kaiser aus, weil viele römisch-deutsche Könige den Romzug hinauszögerten oder ihn ganz versäumten.

Das „Zweikaiserproblem" der mittelalterlichen Christenheit wurde niemals wirklich gelöst. Der universale Anspruch zielte eigentlich auf ein singuläres Kaisertum. Doch seit 800 musste sich der byzantinische Basileus mit dem lateinischen Imperator arrangieren und die römischen Traditionen teilen. Im Westen nahm Kaiser Otto II. 982 den offiziellen Titel „Kaiser der Römer" an. Fortan standen zwei Kaiser der Römer im Osten und im Westen gegen- und nebeneinander. Doch die Praxis dieses doppelten Kaisertums gestaltete sich unterschiedlich.

Die byzantinischen Kaiser herrschten in und aus ihrer Hauptstadt Konstantinopel. Im Westen musste das alte Rom von den Herrschern aus dem Land nördlich der Alpen erst erreicht und nach der Kaiserkrönung auch wieder verlassen werden. Die Bündnisse, die dabei mit den Päpsten geschlossen wurden, wiesen diesen eine gestalterische Kraft bei der Kaiserkrönung zu. Papst Innozenz III. entwickelte daraus die Lehrmeinung, dass allein die Päpste die „Übertragung des Kaisertums" (*translatio imperii*) von den Griechen auf die Franken und dann auf die Deutschen vorgenommen hätten. Deshalb reklamierte er das Recht zur Prüfung des künf-

Unter den Ottonen verband sich das westliche Kaisertum mit dem ostfränkisch-deutschen Königtum. In der Krönungsszene durch Christus ist Kaiser Otto II. (973–983) zusammen mit seiner Gemahlin Theophanu zu sehen (Elfenbeinrelief, um 982).

Die byzantinischen Kaiser saßen häufig nicht sehr fest auf ihrem Thron. Michael V., Kaiser von Dezember 1041 bis April 1042, wurde durch einen Volksaufstand gestürzt (byzantinische Buchmalerei, 13. Jahrhundert).

tigen Kaisers und zur Mitwirkung bei der römisch-deutschen Königswahl.

Dagegen setzten die römisch-deutschen Könige ihr Gottesgnadentum und die Idee, dass ihre Herrschaft im Heiligen Römischen Reich allein aus der Wahl der Fürsten entstünde. Das barg Stoff für lange Konflikte zwischen den beiden universalen Gewalten der lateinischen Christenheit, zwischen Kirche und Reich, zwischen Päpsten und Kaisern, zwischen geistlichem und weltlichem Schwert. Die Ungewissheiten manifestierten sich in nüchternen Zahlen.

Im Westen herrschten zwischen 800 und 1519 insgesamt 30 Kaiser. Nach einer frühen Experimentierphase mit Erhebungsakten in Aachen (813, 817) und Reims (816) festigte sich seit 823 die Tradition der Kaiserkrönung in Rom (einzige Ausnahme: Ravenna 892). Drei Kaiser wurden zweimal erhoben: Ludwig der Fromme (813/816), Lothar I. (817/823) und Ludwig IV. (1328). In 25 Fällen nahmen die Päpste die Kaiserkrönung selbst vor. Als die Päpste im 14. Jahrhundert für einige Jahrzehnte nicht in Rom, sondern in Avignon residierten, spendeten zweimal bevollmächtigte Kardinallegaten die Krönung in Rom (1312, 1355). 25 Kaiser erlangten die Krone im römischen Petersdom, zwei wichen wegen innerstädtischer Kämpfe nach St. Johannes im Lateran aus.

Der Romzug zur Kaiserkrönung wurde von manchen Herrschern erst nach langen Königsjahren, von vielen überhaupt nicht angetreten. Von den 41 Königen, Mit- oder Gegenkönigen im ostfränkisch-deutschen Reich zwischen 919 und 1519 brachten es nur 19 zum Kaisertum. Das war weniger als die Hälfte! Zwischen 800 und 1519 standen 307 kaiserlose Jahre neben 413 Jahren mit einem Kaiser. Die durchschnittliche Regierungsdauer dieser Kaiser betrug also knapp 14 Jahre. Freilich täuscht diese Zahl, weil die Herrscher bei ihrer Kaiserkrönung schon auf lange Königsjahre zurückblickten.

Beim Vergleich erscheint die Statistik für den Osten einfacher, weil es dort keinen Aufstieg vom König- zum Kaisertum gab. Der Byzantinist Ralph-

Johannes Lilie erarbeitete präzise Zahlenreihen mit zeitlichen Differenzierungen. Sie erweisen eindrucksvoll die Fragilität der höchsten Würde im Reich. Bei 89 Kaisern und allein regierenden Kaiserinnen kam es zu 94 Regierungsantritten, weil einzelne Herrscher nach inneren Kämpfen wiederholt die kaiserliche Würde erlangten. Mehr als ein Drittel der Kaiser verloren gewaltsam ihr Amt: 36 wurden gestürzt, fünf oder sechs fielen in der Schlacht oder erlagen äußerer Bedrohung.

Auch der Aufstieg zum Kaisertum verlief nicht einheitlich. Nur über einzelne Perioden der byzantinischen Geschichte behielten Kaiserdynastien das Amt in der eigenen Familie. 31 Herrschern, die als Söhne oder Enkel von Kaisern ihre Würde erbten, standen 37 Feldherren entgegen, die gewaltsam das Kaisertum an sich brachten. Ihre gängige Bezeichnung als Usurpatoren vermittelt deshalb ein falsches Bild. Wenn nämlich „Usurpation" als häufigster Weg zur Macht begegnet, taugt die Unterscheidung zwischen dynastischer Rechtmäßigkeit und militärischer Unrechtmäßigkeit nicht mehr. Allerdings dürfen auch jene 26 Kaiser nicht vergessen werden, die durch Adoption, durch Anheirat sowie durch Wahl von Heer, Volk oder Senat ins Amt gelangten.

Nach diesen Statistiken war das Kaisertum eine der unsichersten Positionen in der byzantinischen Welt. Durchschnittlich herrschten die Kaiser gerade einmal 12 Jahre, in fast 30 Prozent der Fälle überlebten sie die ersten beiden Jahre im Amt nicht. Diese geringe Lebenserwartung machte frühe Ehen nötig. Häufig kamen dann sehr junge Kaiser auf den Thron, die im raschen Generationenwechsel äußere Bedrohungen kaum mit der nötigen Umsicht abwehrten. So gewann in den großen Katastrophen des Reichs die biblische Mahnung eigentümliche Realität: „Weh dir, Land, dessen König ein Knabe ist und dessen Fürsten schon früh am Morgen tafeln." (Kohelet 10, 16).

Am Ende der Antike wurde das römische Kaisertum in Konstantinopel zur Mutter aller Imperien. Vor der Folie seines universalen Selbstbewusstseins entstanden in Konkurrenzverhältnissen das islamische Kalifat im Osten und das neue christliche Kaisertum im lateinischen Westen. Die Byzantiner bewahrten sich über alle Krisen hinweg ihren Vorrang gegenüber einer äußeren Welt voller Barbaren. Im 15. Jahrhundert gehörten schließlich nur noch kleine Reste – die Hauptstadt selbst und ferne Landinseln in Griechenland und am Schwarzen Meer – zu dieser Welt griechischer Zivilisation. Nach mehr als 1100 Jahren hatte sich die imperiale Kraft der Christen am Bosporus erschöpft. Doch mit der Eroberung Konstantinopels 1453 durch Sultan Mehmed II. entfaltete sich dort ein neues Imperium islamischer Rechtgläubigkeit.

Prof. Dr. Bernd Schneidmüller, geb. 1954, lehrt Mittelalterliche Geschichte an der Universität Heidelberg.

Das gräzisierte Imperium

Bei Ninive besiegte ein byzantinisches Heer 627 die Perser. Damit ging ein langer Krieg zu Ende. Eine westliche Darstellung (emaillierte Platte) aus dem 12. Jahrhundert stellt die Schlacht als Zweikampf zwischen Kaiser Herakleios (610 – 641) und dem Perserkönig Chosrau II. (590 – 628) dar, in dem dieser unterliegt.

Byzanz und der Islam

Johannes Pahlitzsch/ Martin Marko Vučetić

Das Ringen mit dem sich ausbreitenden Islam zog sich seit Mitte des 7. Jahrhunderts als Konstante durch die byzantinische Geschichte. Parallel dazu verwandelte sich das zweite Rom allmählich in ein von der griechischen Kultur geprägtes Reich.

Zu Beginn des 7. Jahrhunderts, nur wenige Dezennien nachdem unter Kaiser Justinian (527 – 565) weite Teile des Mittelmeerraums wieder unter oströmisch-byzantinische Herrschaft gefallen waren und Byzanz eine scheinbar unangefochtene Vormachtstellung erlangt hatte, befand sich das Reich in einer existentiellen innen- wie auch außenpolitischen Krise. Nachdem es im Jahr 602 innerhalb der byzantinischen Balkanarmee zu einem Aufstand gekommen war, in dessen Folge der Offizier Phokas (602 – 610) zum Kaiser erhoben wurde, ließ dieser den legitimen Kaiser Maurikios (582 – 602) mitsamt seiner Familie hinrichten – eine Tat mit weitreichenden Konsequenzen. Denn der persische König Chosrau II. verdankte seine Macht dem gestürzten Kaiser, bezeichnete ihn gar als „Vater". Vergeltung suchend, befahl er nunmehr den Angriff. Eine neue Runde im persisch-byzantinischen Kampf um die Vorherrschaft im Orient war eröffnet.

In dieser gefährlichen Lage erhob sich Herakleios (610 – 641), der Sohn des gleichnamigen Gouverneurs von Karthago, gegen Phokas und inszenierte sich dabei als Rächer des Maurikios, als Hoffnungsträger all jener, die Frieden mit Persien ersehnten. Doch die Hoffnung erwies sich als trügerisch: Obwohl Herakleios den Thron gewann und Phokas tötete, dachte Chosrau nicht daran, den Krieg zu beenden. Im Gegenteil, die Perser besetzten nunmehr Syrien und Palästina samt Jerusalem, das sie der Reliquie des „Wahren Kreuzes" beraubten. Sie zogen durch Kleinasien

Das Byzantinische Reich um 1040
Rhein
Donau
Carnuntum
Theiß
Dnjestr
Alpen
RÖMISCH-DEUTSCHES
REICH
Mediolanum
Po
Venedig
VENETIA
ISTRIA
SIRMION
Genua
Ferrara
Bologna
Ravenna
CROATIA
Veligradon
Donau
Pisa
Florenz
Apennin
Zara
Ligurisches
Meer
SERBIA RASKA
DALMATIA
Spalatum
Naissos
PARISTRION
Korsika
Tiber
Adria
Ragusa
DIOKLEIA
Serdica
MAKEDONIA
BULGARIA
Rom
Trvunia
Philippopolis
THRAKE
Laodik
Bosporus
Trajectum
Gaeta
Capua
Dyrrhachion
Melnik
Adrianopel
Didymoteichon
Konstantinopel
Aversa
Neapel
Benevent
Bari
DYRRHACHION
Ochrid
STRYMON
Rhaidestos
Marmara-
meer
Ganos
Sardinien
Salerno
Amalfi
Tarent
Thessalonike
Nik
SALERNO
LANGOBARDIA
Avlona
THESSALONIKE
Gallipoli
Burs
Serbia
Otranto
Berg Athos
Hellespont
OPSIKION
Tyrrhenisches
Meer
KEPHA-
LENIA
HELLAS
Ägäis
SAMOS
KALABRIA
Nikopolis
Arta
NIKOPOLIS
Euböa
Philadelph
Palermo
Messina
Naupaktos
Delphi
Theben
Smyrna
THRAKESIC
Ionisches
Meer
FATIMIDISCHES
KALIFAT
Taormina
Patras
Athen
Ephesos
Mäan
Sizilien
Korinth
AIGAION
PELAGOS
Syrakus
PELOPONNESOS
Sparta
Peloponnes
KIBYRRHAIOT
Rhodos
Rhodos
Kreta
Mittelmeer
0
100
200
300 km
FATIMIDISCH

Dnjepr
CHASAREN
KHAGANAT VON TMUTOROKAN
ALANIEN
Kaspisches Meer
Krim
GOTHIA
Cherson
ABCHASIEN
Kaukasus
Tiflis
IBERIEN
Schwarzes Meer
GUGARK
Sinope
Trapezunt
KARS
ANI
TAIK
DVIN
PAPHLAGONIA
CHALDIA
Theodosiopolis
BAGREVAND
rakleia Pontike
ARMENIAKON
KOLONEIA
BASEAN
Manzikert
UKELLARIOI
KELTZENE-KORTZENE-TARON
Achlat
VASPURAKAN
SELDSCHUKEN
omedeia
SEBASTEIA
MESOPOTAMIA
TIMATON
Ankyra
ACHLAT
CHARSIANON
MELITENE
Melitene
Kaisareia
LYKANDOS
Samosata
Ninive
KAPPADOKIA
Edessa
ANATOLIKON
Ikonion
Taurus-Gebirge
TELUCH
KILIKIA
MESOPOTAMIEN
Tarsos
ALEPPO
Tigris
SELEUKEIA
Antiocheia
Aleppo
Euphrat
Seleukeia
Apameia
Myra
Laodikeia
Bagdad
ANTIOCHEIA
Homs
Zypern
Tripoli
SYRIEN
ABBASIDISCHES KALIFAT
Berytos
Damaskus
Jarmuk
Jordan
Jerusalem
byzantinischer Herrschaftsbereich
autonome Provinzen unter byzantinischem Einfluss
ungefähre Grenzen von Provinzen bzw. byzantinischen Themen
exandreia
ÄGYPTEN
LIFAT
Kairo

Während der arabischen Belagerung Konstantinopels von 674 bis 678 setzten die Byzantiner zur Verteidigung erstmals das sogenannte Griechische Feuer ein – eine Art antiken Flammenwerfer, mit dessen Hilfe von den Schiffen aus ein brennendes Gemisch auf Basis von Erdöl verspritzt wurde. In der Miniatur aus der Madrider Handschrift des Johannes Skylitzes (12. Jahrhundert, in Süditalien entstanden) ist der Einsatz der Waffe bei einem innerbyzantinischen Konflikt zu sehen.

und drangen gar bis an den Bosporus vor. Selbst Ägypten, die Kornkammer des Reichs, fiel ihnen in die Hände.

In Konstantinopel brach als Folge ausbleibender Getreidelieferungen eine schwere Hungersnot aus. Herakleios hatte sämtliche Erwartungen enttäuscht, wirkte tatenlos. Erst Jahre nach seiner Machtergreifung traf er entschiedene Maßnahmen. Obwohl sein Reich größtenteils vom Feind besetzt war, sammelte er die ihm verbliebenen Streitkräfte, fiel in mehreren Feldzügen vom Kaukasus her in die Kernlande der Perser ein und bereitete ihnen Ende 627 bei Ninive eine entscheidende Niederlage. Chosrau floh, während Herakleios auf die persische Hauptstadt, Ktesiphon, vorrückte. Der persische König überlebte die Schläge gegen seine Macht nicht – er wurde von den eigenen Leuten gestürzt und getötet. Ein Friedensschluss beendete 629 den persisch-byzantinischen Krieg und stellte im Wesentlichen die alten Grenzen wieder her.

Im Anschluss an den Perserkrieg beginnt die arabische Expansion

Hinter der Fassade einer wiederhergestellten Ostgrenze hatte sich jedoch vieles verändert. Der Sieg über die Perser war teuer erkauft. Die langen Kriege hinterließen ein wirtschaftlich ausgeblutetes, zu weiten Teilen verwüstetes Reich, und dies nicht nur im Osten. Auf dem Balkan waren bereits seit dem ausgehenden 6. Jahrhundert Slawen eingewandert, hatten sich auf der gesamten Halbinsel, selbst auf der Peloponnes, niedergelassen, ohne die Herrschaft des Kaisers anzuerkennen. Sie standen im Bund mit den Awaren. Diese waren von Zentralasien aus ins heutige Ungarn gezogen, hatten sich dort niedergelassen und waren seitdem immer wieder plündernd über die Donau ins Reich eingefallen. Selbst befestigte Städte fielen ihnen zum Opfer.

In dieser ohnehin bedrängten Lage sah sich Herakleios dazu gezwungen, die dortigen Truppen abzuziehen und gegen die Perser zu werfen, die eine noch größere Gefahr darstellten. Als Folge entglitt der Balkan weitgehend der byzantinischen Kontrolle. Sogar Konstantinopel wurde 626 von Awaren und Slawen berannt, während auf der asiatischen Seite des Bosporus die mit den Angreifern verbündeten Perser lagerten.

Trotz des Sieges über Persien gelang es Byzanz nicht, seine Herrschaft auf dem Balkan wiederherzustellen. Auch im Osten erwies sich der Erfolg als flüchtig. Im Schatten des großen Krieges hatten sich auf der arabischen Halbinsel Entwicklungen von welthistorischer Bedeutung abgespielt. Dort war der Prophet Mohammed im Jahr 622 aus Mekka ausgezogen, hatte mit dem Islam eine neue, auf Expansion ausgerichtete Religion gestiftet und die arabischen Stämme unter seiner Führung geeint. Nach seinem Tod 632 begann unter seinen Nachfolgern (Kalifen) die arabische Expansion im Namen Allahs. Sie traf die geschwächten Großmächte Byzanz und Persien zur Unzeit. Bereits 636 unterlag das kaiserliche Heer den Muslimen am Jarmuk, einem Nebenfluss des Jordan. Zwei Jahre später gingen mit Jerusalem und Antiocheia zwei weltliche und kirchliche Zentren des Ostens verloren. Herakleios, der zur Abwehr der muslimischen Araber nach Syrien geeilt war, blieb lediglich der Rückzug nach Konstantinopel, wo er Anfang 641, ein geschwächtes, geschrumpftes, in seiner Existenz bedrohtes Reich hinterlassend, starb. Noch im selben Jahr eroberten die Muslime Alexandreia, die Hauptstadt Ägyptens.

Inwiefern innerchristliche Streitigkeiten den Erfolg der Araber begünstigten, ist umstritten. Schon unter Kaiser Konstantin dem Großen (306/324–337), der der Christenverfolgung ein Ende bereitet hatte, waren Konflikte um die Frage der Natur Jesu ausgebrochen. War er Mensch, war er Gott oder gar beides gewesen? Die Kaiser favorisierten unterschiedliche Lösungen und suchten immer wieder unter den verfeindeten Gruppierungen zu vermitteln – doch letztlich ohne Erfolg. Die Fragmentierung des Christentums schritt voran. Insbesondere im Osten etablierten sich Strömungen, die aus der Sicht Konstantinopels häretisch waren. Der Verlust dieser Gebiete führte dazu, dass jene Gruppen nunmehr dem kaiserlichen Einfluss entzogen waren. Byzanz wurde in kirchlicher Hinsicht homogener.

Im Streit um die Nachfolge des Herakleios setzte sich sein Enkel Konstans II. (641–668) durch. Dieser sah sich unmittelbar nach der Machtübernahme mit den ersten arabischen Einfällen nach Kleinasien konfrontiert, was umso schwerer wog, als dieses Gebiet nach dem Verlust der Orientprovinzen und des Balkans zum Kern des Reichs geworden war. Trotz nahezu jährlicher Einfälle gelang es den Muslimen jedoch nicht, Kleinasien dauerhaft zu erobern, denn dieses war von Süden her nur durch zwei Pässe über das mächtige, unwegsame Taurus-Gebirge zugänglich, und selbst das nur saisonal. Die Muslime mussten sich entweder vor dem ersten Wintereinbruch zurückziehen oder in Kleinasien überwintern. Dort aber war eine Versorgung des Heeres schwierig und wurde von den Byzantinern nach Kräften behindert. Diese verlegten sich, belehrt durch ihre Niederlagen in offenen Feldschlachten, auf eine Art Guerillataktik. Gleichwohl blieben die arabischen Einfälle nach Kleinasien eine existentielle Bedrohung. Es gab kaum eine

Das Taurus-Gebirge (im Hintergrund, vorne die türkische Stadt Alanya) erwies sich im 7. Jahrhundert als natürliches Bollwerk gegen die Einfälle der Araber nach Kleinasien.

Auch die zweite Belagerung durch die Araber in den Jahren 717/18 überstand Konstantinopel unbeschadet (Miniatur aus der Madrider Handschrift des Johannes Skylitzes).

Stadt, die damals nicht irgendwann einer Plünderung anheimgefallen wäre. Die Städte der Region schrumpften und erhielten den Charakter kleiner Festungen. Die städtische Prägung des Reichs, eines der Kennzeichen der antiken Welt, verschwand weitgehend.

Byzantiner büßen ihre maritime Vorherrschaft ein

Nicht nur zu Land, auch zur See befand sich Byzanz in der Defensive. Die Muslime profitierten rasch vom maritimen Wissen der eingesessenen levantinischen Bevölkerung. Bereits 655 besiegte die arabische Flotte eine von Konstans II. persönlich befehligte byzantinische Armada vor der Südwestküste Kleinasiens. Der Kaiser entkam nur mit knapper Not. Die maritime Vorherrschaft der Byzantiner war gebrochen. Der Sieg öffnete den Muslimen die Ägäis und damit den Weg nach Konstantinopel. Der Fall *al-Qustantiniyas* (so die arabische Bezeichnung der Stadt), den Mohammed laut einem ihm zugesprochenen Ausspruch (*hadith*) prophezeit hatte, schien nahe. 674 verhängte der Kalif eine Seeblockade über die Stadt, griff sie bis 678 mehrfach an. Rettung soll ein Syrer namens Kallinikos gebracht haben, der dem Kaiser das Rezept des sogenannten Griechischen Feuers verriet. Dabei handelte es sich um ein brennendes, wohl Erdöl und Schwefel enthaltendes Gemisch, das über am Bug befestigte Vorrichtungen auf gegnerische Schiffe gespritzt wurde, wo es verheerende Wirkung hatte, da es mit Wasser nicht zu löschen war. Die Belagerung musste schließlich abgebrochen werden.

Trotz dieses Rückschlags blieben die Muslime ein gefährlicher und zumeist überlegener Gegner. Verschnaufpausen boten ein ums andere Mal innermuslimische Bürgerkriege. Derweil tauchte auf dem Balkan mit den Bulgaren ein neuer Gegner auf, dessen Ansiedlung südlich der Donau Konstantin IV. (668 – 685) nach einer Niederlage anerkennen musste.

Gegen Ende des Jahrhunderts gingen die Muslime erneut in die Offensive. Mit der Eroberung Karthagos 698 beendeten sie die byzantinische Herrschaft über Nordafrika. Das Reich befand sich zu dieser Zeit zudem in einer Phase innenpolitischer Instabilität: Justinian II., der letzte Spross der von Herakleios begründeten Dynastie, war 695 gestürzt, verstümmelt und verbannt worden. Die folgenden 20 Jahre waren geprägt durch eine Abfolge nur kurz herrschender Kaiser.

Die Muslime nutzten die Situation und rüsteten zu einer neuerlichen Attacke gegen Konstantinopel, wobei sie diesmal sorgfältiger vorgingen. Sie beschränkten sich nicht mehr auf eine Seeblockade, sondern rüsteten zudem ein mächtiges Heer, das die Hauptstadt ebenso zu Lande abschnitt. Doch diese hielt auch der zweiten arabischen Belagerung (717/18) stand. Neben dem „Griechischen Feuer“ und den gewaltigen Mauern, die Konstantinopel schützten, halfen den Byzantinern einerseits ein ungewöhnlich langer und strenger Winter, der zu einer Hungersnot im arabischen Heer führte, andererseits die Bulgaren, die auf byzantinischer Seite eingriffen, sowie die auf den arabischen Schiffen dienenden, aus Ägypten stammenden, christlichen Matrosen, die zu ihren byzantinischen Glaubensbrüdern überliefen.

Kurz vor Beginn der Belagerung hatte Leon III. (717–741) die Macht an sich gerissen. Er begründete eine neue Dynastie und verlieh dem Reich Stabilität. Ebenso wie sein Sohn Konstantin V. (741 – 775) war er militärisch höchst erfolgreich. Letzterer profitierte von einem innermuslimischen Bürgerkrieg, der Freiräume für ein Vorgehen gegen die Bulgaren schuf. In der späteren Erinnerung wurden beide Kaiser jedoch primär mit dem Ikonoklasmus, dem Bilderstreit, verbunden. Bei dieser Auseinandersetzung, deren Umfang und Schärfe in der Forschung höchst umstritten ist, ging es um die Frage, inwieweit Jesus, aber auch Maria und andere Heilige, bildlich dargestellt werden durften. Immerhin heißt es im Alten Testament: „Du sollst dir kein Gottesbild machen und keine Darstellung von irgend etwas am Himmel droben, auf der Erde unten oder im Wasser unter der Erde" (Exodus 20,4). Der Umstand, dass die militärisch so erfolgreichen Muslime dem Gebot viel strenger Folge leisteten, könnte ein Grund für den Ausbruch der Kontroverse gewesen sein. Bestrafte Gott die Byzantiner für ihre Bilderverehrung? Die erste Phase des Ikonoklasmus fand erst 787 ihr Ende. Zwischen 815 und 843 flammte er erneut auf, bevor die Verehrung, nicht aber die Anbetung der Ikonen endgültig gestattet wurde. Bis heute prägt sie die orthodoxe Kirche.

Im Fokus der byzantinischen „Außenpolitik" standen in aller Regel die Auseinandersetzungen mit dem Kalifat und den Bulgaren. Der Westen spielte demgegenüber eine untergeordnete Rolle. Im späten 6. Jahrhundert waren die Langobarden in Italien eingedrungen und hatten dem Reich weite Teile der Halbinsel entrissen. Im Jahr 751 eroberten sie mit Ravenna das Zentrum der byzantinischen Besitzungen nördlich des Apennins. Die kaiserliche Herrschaft beschränkte sich nunmehr auf Sizilien und Süditalien, wobei sich sogar dort, in Benevent, ein langobardisches Fürstentum etabliert hatte. Daneben standen noch einige Küstenstädte sowie Rom zumindest formell unter byzantinischer Oberhoheit. Der Papst als Stadtherr Roms geriet im Verlauf des 8. Jahrhunderts vermehrt mit dem Kaiser in Konflikt, sah sich jedoch gleichzeitig von den Langobarden bedroht.

In dieser Situation wandte er sich Mitte des 8. Jahrhunderts den Franken als Schutzmacht zu und setzte damit eine Entwicklung in Gang, an deren Ende im Jahr 800 die Kaiserkrönung Karls des Großen stehen sollte. Das universal gedachte byzantinische Kaisertum sah sich plötzlich im Westen einem Konkurrenten gegenüber, der sich ebenfalls in der Nachfolge der römischen Imperatoren wähnte. Die ältere Forschung fasste diese Situation unter dem Schlagwort „Zweikaiserproblem" zusammen.

Im neuen Rom wird Latein zur Fremdsprache

Das Byzantinische Reich des Jahres 800 war jedoch ein völlig anderes als am Vorabend der arabischen Expansion. Es hatte tiefgreifende Veränderungen erfahren. In frühbyzantinischer Zeit war es von unterschiedlichen Ethnien verschiedenster Sprachen bewohnt gewesen. Durch die Umbrüche des 7. und 8. Jahrhunderts wurde es dagegen primär zu einem griechischen Reich. Die semitischsprachigen Völker des Ostens unterstanden mittlerweile der Herrschaft des Kalifen. Vor allem aber nahm die Kenntnis des Lateinischen rapide ab, auch wenn sich Überreste in einigen Bereichen, wie dem Zeremoniell, mit großer Zähigkeit hielten. Kaiserin Eirene schallte etwa im Jahr 768 anlässlich ihrer Krönung ein *„bene, bene"* entgegen. Auf Münzen lässt sich bis weit ins 11. Jahrhundert hinein der Gebrauch lateinischer Buchstaben nachweisen. Doch darf dies alles nicht darüber hinwegtäuschen, dass seit dem 7. Jahrhundert Latein im Reich eine Fremdsprache geworden war. Dies schlug sich auch in der Kaisertitulatur nieder. Bereits Herakleios nahm den griechischen Titel *basileus* anstelle des lateinischen *imperator* an.

Die Veränderungen betrafen auch Heer und Administration. War das frühbyzantinische Reich durch eine Trennung ziviler und militärischer Verwaltung geprägt gewesen, so setzte spätestens mit den Um-

Eirene Dukaina war die Ehefrau von Kaiser Alexios I. Komnenos (1081 – 1118). Zu dieser Zeit war Latein bereits eine Fremdsprache im Byzantinischen Reich, die griechisch-hellenistische Kultur war längst prägend.

Anfang des 9. Jahrhunderts setzten die Bulgaren dem Byzantinischen Reich zu (Miniatur aus der Madrider Handschrift des Johannes Skylitzes). Kaiser Nikephoros (802–811) wurde bei einem Feldzug gegen das slawische Volk getötet.

brüchen des 7. Jahrhunderts eine gegensätzliche Entwicklung ein. In einem langen Prozess bildete sich die sogenannte Themenordnung heraus. Das Reich war nunmehr in einzelne „Themen", also Provinzen, gegliedert, denen jeweils ein „Strategos" vorstand. Dieser besaß sowohl zivile als auch militärische Kompetenzen.

Die Truppen eines *thema* generierten sich aus der Provinz selbst. Als materielle Basis diente den Soldaten Land, das ihnen zugeteilt worden war und das sie bewirtschafteten. Es bildete sich die Gruppe der „Soldatenbauern" heraus. Zunächst war ein *thema* eine sehr große Einheit, die dem *strategos* eine gewaltige Machtbasis bot und die dieser mitunter gegen den Kaiser wendete. Die Themen waren Ausgangspunkt einer Reihe von Umstürzen, so auch desjenigen Leons III., des Verteidigers Konstantinopels. Durch Teilung und Verkleinerung der Themen versuchten die Kaiser, dieser Gefahr zu begegnen. Darüber hinaus schuf bereits Leon III. die *tagmata* – ein stehendes, gewissermaßen professionalisiertes Heer, das im Umfeld der Hauptstadt stationiert war. Insgesamt betrachtet, ist diese Umbruchzeit des 7. und 8. Jahrhunderts durch eine Militarisierung des Reichs und der Gesellschaft geprägt. Ausdruck dieser Tendenz war nicht zuletzt der Kaiser selbst. Mit Herakleios beginnt eine Reihe von Kaisern, die ihre Truppen persönlich ins Feld führten.

Wie gefährlich dies war, musste Kaiser Nikephoros I. (802–811) leidvoll erfahren, als er auf einem Feldzug gegen die Bulgaren in einen Hinterhalt geriet und getötet wurde. Der bulgarische Khan Krum soll den Schädel des Kaisers mit Silber überzogen und als Trinkschale genutzt haben. Das beginnende 9. Jahrhundert war in Byzanz von großen Wirren geprägt, wie die häufigen Kaiserwechsel zeigen. Das Heer stand den Bulgaren zumeist machtlos gegenüber. Die Erinnerung an die militärisch erfolgreichen ikonoklastischen Kaiser Leon III. und Konstantin V. dürfte 815 die erneute Abkehr von der Bilderverehrung begünstigt haben. Größere militärische Triumphe blieben jedoch auch weiterhin aus.

Im Gegenteil, Byzanz geriet an zwei neuen Fronten in die Defensive. Aus Spanien stammende Muslime vermochten in den 820er Jahren Kreta zu erobern, was sich als fatal herausstellte. Denn von der Insel aus bedrohten sie mit ihren Schiffen die gesamte Ägäis. Mehrere Versuche einer Rückeroberung Kretas scheiterten. Höhepunkt der Auseinandersetzung war ein Überraschungscoup, als die Muslime 904 Thessalonike, die zweitwichtigste Stadt des Reichs, überfielen und plünderten. Etwa zeitgleich zur Besetzung Kretas fassten die Muslime auf Sizilien Fuß. Auch wenn die Eroberung ein langer Prozess war (die Themenhauptstadt Syrakus fiel 878, der letzte bedeutende byzantinische Stützpunkt Taormina erst 902), diente die Insel den Muslimen bereits früh als Sprungbrett nach Italien, wo sie sogar 847 in Bari und Tarent Emirate gründeten. Von hier aus bedrohten sie fortan die byzantinische Balkanküste. Mit fränkischer Hilfe gelang es schließlich, die Muslime aus Süditalien zu vertreiben.

Lichtblicke im Osten: die makedonische Dynastie

Im Unterschied zur eher bedrängten Lage im Westen begann sich im Osten seit der Mitte des 9. Jahrhunderts die Waagschale Byzanz zuzuneigen. Das Reich profitierte vom Zerfall des Kalifats. Die Kaiser hatten es nunmehr mit kleineren, halbautonomen Emiraten zu tun, die nur noch eine ideelle Oberhoheit des Kalifen akzeptierten, ansonsten jedoch weitgehend unabhängig agierten. Byzanz gelang es, in die Offensive zu gehen. Dies galt auch für den Balkan, wo die – zumindest teilweise – slawisch besiedelten Gebiete sukzessive wieder in das Reich eingegliedert wurden.

Untrennbar verbunden mit dem byzantinischen Wiederstarken war die sogenannte makedonische Dynastie (867–1056). Basileios, ein Bauernsohn aus Makedonien, hatte in Konstantinopel Karriere gemacht, sich die Gunst Kaiser Michaels III. (842–867) gesichert, nur um diesen dann zu ermorden und selbst Kaiser zu werden. Als Legitimierung dieses Gewaltakts wurde die Herrschaft seines Vorgängers in schwärzesten Farben gezeichnet. Dabei waren es genau diese Jahre gewesen, in denen die Grundlagen des Wiederaufstiegs gelegt wurden: Mit dem Sieg über den Emir von Melitene setzte 843 die militärische Expansion im Osten ein. Mit Photios bestieg einer der größten byzantinischen Gelehrten den Patriarchenthron (858–867, 878–886). Die später als „makedonische Renaissance" bezeichnete kulturelle Blüte hatte ihre Wurzeln zweifellos in der von den Makedonen ausgelöschten Vorgängerdynastie. Auch auf religiöser Ebene expandierte Byzanz. Mit Konstantin (Kyrill) und Method wurden 863 auf Bitten des mährischen Fürsten Svatopulk zwei Brüder zur Mission der Slawen entsandt, die diesen ein eigenes Alphabet geben sollten. Mit der Taufe Boris' I., des Herrschers der Bulgaren, setzte deren Christianisierung und damit enge Anbindung an die byzantinische Geisteswelt ein.

Dass diese mitunter Gefahren barg, machte Simeon (893–927), der Herrscher der nunmehr christianisierten Bulgaren, deutlich. Einen Großteil seiner Herrschaft widmete er dem Krieg mit Byzanz und erhob dabei auch selbst Anspruch auf die byzantinische Kaiserkrone. Denn im Reich war es inzwischen zu dynastischen Wirren gekommen. Leon VI. (886–912) wartete auch nach drei Eheschlüssen auf die Geburt eines (männlichen) Thronfolgers. War eine zweite Ehe nach Kirchenrecht bereits nicht gern gesehen, so war eine dritte verboten. Für den Kaiser wurde eine Ausnahme gemacht – vergeblich, wie sich herausstellte. Den ersehnten Sohn (Konstantin VII.) gebar ihm seine Geliebte Zoe. Als Leon – trotz gegenteiliger Zusagen – Zoe zur Legitimation seines Erben heiratete, kam es zum Konflikt mit dem Patriarchen.

Der Streit um die vier Ehen („Tetragamiestreit") zog sich lange hin. Als Leon starb, hinterließ er den minderjährigen Konstantin in unsicherer Lage. Simeon, der angeblich einen Teil seiner Kindheit und Jugend in Konstantinopel verbracht hatte, belagerte die Hauptstadt und erhob vergeblich Ansprüche auf den Thron. Dem byzantinischen Flottenkommandanten Romanos Lakapenos gelang es, die Regentschaft für den kleinen Kaiser zu übernehmen. Dass der Soldat jedoch nach Höherem strebte, wurde schnell deutlich. Er ließ sich selbst zum Kaiser ausrufen, drängte Konstantin immer mehr an den Rand und versuchte, eine eigene Dynastie zu gründen. Außenpolitisch bereitete er dies sorgsam durch einen Eheschluss zwischen seiner Enkelin und dem bulgarischen Herrscher Peter, dem Sohn Simeons, vor. Nur die Machtgier der eigenen Söhne, die den Vater zu stürzen gedachten, vereitelte die Pläne. Der inzwischen volljährige Konstantin nutzte die Konflikte, um 945 endlich selbst die Herrschaft anzutreten.

Leon VI. „der Weise" und Konstantin VII. (Alleinherrschaft 945–959) gelten als die gebildeten und feinsinnigen byzantinischen Kaiser schlechthin. Unter ihrer Ägide entstand eine ganze Reihe von Schrif-

Kaiser Basileios II. (976–1025) unterwarf in einem langjährigen Krieg die Bulgaren, die 1014 endgültig geschlagen werden konnten. Als Krieger gerüstet, ist er in einem Psalter aus dem 11. Jahrhundert abgebildet. Zu seinen Füßen liegen in unterwürfiger Pose acht Menschen, vermutlich sollen sie Bulgaren darstellen.

ten, die uns Auskunft über verschiedenste Aspekte des Reichs geben. Das „Zeremonienbuch“ bietet Einblicke in das höfische Zeremoniell, die „De administrando imperio“ genannte Schrift Informationen zu den Nachbarn der Byzantiner. Das „Eparchenbuch“ trägt Bestimmungen für die einzelnen „Zünfte“ Konstantinopels zusammen.

Zeitalter der Expansion: Byzanz gewinnt die Initiative zurück

Militärisch begann seit der Mitte des 10. Jahrhunderts die große Phase byzantinischer Expansion. Unter Romanos II. (959 – 963) gelang dem Feldherrn Nikephoros Phokas die Rückgewinnung Kretas, während dessen Bruder den Taurus überschritt und Kilikien mit dem Zentrum Tarsos eroberte. Als der Kaiser überraschend starb und mit Basileios II. und Konstantin VIII. zwei unmündige Söhne hinterließ, übernahm Nikephoros die Regierungsgeschäfte. In seine Herrschaft fallen die Eroberung Zyperns und Nordsyriens mit Antiocheia.

Auch die armenischen Fürstentümer des Kaukasus waren Ziel der Expansion. Johannes I. Tzimiskes, der 969 Nikephoros ermordete, war nicht minder tatkräftig. Bulgarien wurde byzantinische Provinz, der letzte bulgarische Zar Boris II. im Triumphzug nach Konstantinopel geführt und öffentlichkeitswirksam seiner Herrschaftsinsignien entkleidet. Spektakuläre Erfolge feierte Johannes auch im Osten, wo er den Emir von Damaskus zur Unterwerfung zwang. Jerusalem schien plötzlich in Reichweite. Für den Westen bedeutend war die Verheiratung Theophanus, der Nichte des Kaisers, mit Otto II., dem Sohn und Nachfolger Ottos des Großen. Als ihr Gemahl 983 starb, sollte sie bis zu ihrem Tod 991 für ihren unmündigen Sohn Otto III. herrschen.

Nach dem Tod des Tzimiskes im Jahr 976 übernahm der mittlerweile volljährige Basileios II. die Regierungsgeschäfte. Schnell fand er sich dabei jedoch in Opposition zu den Anhängern und Angehörigen seiner beiden Vorgänger, insbesondere nachdem ein Zug gegen aufständische Bulgaren im Desaster geendet hatte. In langwierigen Bürgerkriegen vermochte sich Basileios schließlich durchzusetzen. Dabei griff er auf warägo-russische Söldner zurück, die ihm Wladimir, der Fürst der Kiewer Rus, geschickt hatte und die den Ursprung der berühmten Warägergarde bildeten. Der Preis, den Wladimir dafür forderte, war hoch: die Hand der kaiserlichen Schwester Anna. Die Heirat fand 989 statt und war mit einem Übertritt der Russen zum orthodoxen Christentum verbunden.

Nachdem sich Basileios durchgesetzt hatte, wandte er sich den aufständischen Bulgaren zu, die unter ihrem Anführer Samuil eine unabhängige Herrschaft mit dem Zentrum Ochrid gegründet hatten. Die Kämpfe zogen sich über Jahre hin. Samuil konnte 1014 endgültig geschlagen werden. Seine Nachfolger leisteten noch bis 1018 Gegenwehr. Erst dann war der Krieg beendet, der Balkan stand wieder unter byzantinischer Herrschaft. Die Donau war erneut Nordgrenze des Reichs. Trotz dieser Kriege auf dem Balkan wandte sich Basileios auch dem Osten zu. Teils mit diplomatischem Geschick, teils mit militärischen Mitteln gelang es ihm, weite Teile des Kaukasus zu unterwerfen. Die byzantinische Expansion bewirkte, dass das Reich wieder stärker multiethnisch wurde. Unter der Herrschaft des Kaisers lebten nunmehr neben Griechen Bulgaren, Serben, Armenier, Georgier, Syrer und Araber.

Als Basileios II. 1025 hochbetagt starb, hinterließ er ein Reich in scheinbar sicheren Grenzen und eine derart prall gefüllte Staatskasse, dass sich später die Legende verbreitete, der Kaiser habe unterirdische Kammern anlegen lassen, um Platz für die Reichtümer zu schaffen. Allerdings hatte es Basileios versäumt, seine Nachfolge zu regeln. Er war nie

Anicius Faustus Albinus Basilius war im Jahr 541 der letzte amtierende römische Konsul, bevor das Amt, unter den Kaisern längst ohne wirkliche Macht, von Justinian abgeschafft wurde. Dieses Diptychon wurde zu seinem Amtsantritt gefertigt. Im 10. und 11. Jahrhundert gewann im Byzantinischen Reich eine neue Oberschicht aus Großgrundbesitzern an Einfluss, die sich der Kontrolle der Kaiser zu entziehen suchte.

verheiratet und zeugte keine Kinder. Sein Bruder und Nachfolger Konstantin VIII., der die Herrschaft übernahm, hatte zwar drei Töchter, aber keine Söhne. Die Töchter waren unverheiratet und bereits in fortgeschrittenem Alter, Nachkommen also nicht zu erwarten. Das Aussterben der Dynastie schien bloß eine Frage der Zeit. In der Folge waren es mit Zoe und Theodora zwei jener Töchter, die nach dem Tod Konstantins VIII. 1028 – teils durch Heirat, teils durch Adoption – verschiedenen Kaisern Legitimität gaben, phasenweise jedoch auch selbst herrschten. Mit dem Tod Theodoras 1056 fand die makedonische Dynastie nach fast 200 Jahren ihr Ende.

Großgrundbesitzer bauen ihre Macht aus

Im 10. und 11. Jahrhundert vollzogen sich grundlegende gesellschaftliche Veränderungen. Die Konsolidierung des Reiches vor allem in Kleinasien vom 9. Jahrhundert an hatte dazugeführt, dass es wieder möglich wurde, in Landbesitz zu investieren und große Latifundien gewinnbringend zu bewirtschaften. So bildete sich in den Provinzen eine neue Gruppe aristokratischer Familien heraus. Oftmals scheint es sich dabei um Familien armenischen Ursprungs gehandelt zu haben, die ihre Stellung zunächst ihrer Tätigkeit im langwierigen Grenzkrieg gegen die muslimischen Araber zu verdanken hatten. Das eindrucksvollste Zeugnis für das kriegerische Ritterideal dieser Gruppe ist die epische Schilderung der Heldentaten des legendären Grenzkämpfers Digenes Akrites, dessen Vater ein zum Christentum konvertierter Muslim gewesen soll. Die Angehörigen dieser neuen Oberschicht wurden bezeichnenderweise auch die „Mächtigen" (*dynatoi*) genannt und dadurch definiert, dass sie andere in Angst versetzen und Macht über sie ausüben konnten. Allerdings zählten auch der hohe Klerus, reiche Klöster oder hohe Beamte aus denselben Gründen zu den „Mächtigen".

Die neuerliche Entstehung von Großgrundbesitz führte wiederum dazu, dass die freien kleineren Grundbesitzer zunehmend unter den Einfluss der „Mächtigen" gerieten. Immer mehr freie Bauern wurden zu abhängigen Pächtern (*paroikoi*, Paröken), so dass im 12. Jahrhundert freie Bauern kaum noch nachzuweisen sind. Die Kaiser versuchten diese Entwicklung vor allem im 10. Jahrhundert durch strenge Gesetze aufzuhalten, wenn auch vergeblich. Durch das Verschwinden der kleinen Bauern wurden nämlich die Steuereinnahmen gefährdet, da freie Bauern ihre Steuern direkt an den Staat entrichteten, während Pächter nur gegenüber dem jeweiligen Grundbesitzer abgabepflichtig waren, bei dem dann die Steuerlast lag.

Je mächtiger jedoch die Großgrundbesitzer in den Provinzen wurden, desto schwieriger wurde es, bei ihnen die volle Steuersumme einzutreiben, wenn ihnen nicht sowieso schon aus politischen Gründen Steuerfreiheit gewährt worden war. Aufgrund der Tatsache, dass die materielle Basis dieser neuen aristokratischen Häuser in der Provinz lag, waren sie im Vergleich zum 7. und 8. Jahrhundert, als die Stellung der Beamten und hohen Würdenträger noch ganz von der Gunst und der finanziellen Unterstützung des Kaisers bestimmt wurde, deutlich unabhängiger von diesem. In bestimmten Regionen stellten die Familien der „Mächtigen" schließlich seit dem 11. Jahrhundert die eigentlichen Machthaber dar und waren der kaiserlichen Kontrolle weitgehend entzogen.

Diese Entwicklung hatte auch für die Struktur des byzantinischen Heeres Folgen, da die „Soldatenbauern" ebenfalls allmählich verschwanden. Tatsächlich wurden nun vermehrt vornehmlich ausländische Söldner von den Kaisern angeworben, doch wäre es falsch, in dieser Entwicklung eine entscheidende Schwächung der Wehrkraft zu sehen, so wie es die ältere Forschung lange getan hat. Vielmehr konnten die Kaiser auf diese Weise ihre Überlegenheit über die aufsteigende Aristokratie in den Provinzen wahren, da sie noch immer über die bei weitem größten finanziellen Mittel verfügten. Erst als im Lauf des 11. Jahrhunderts aus den genannten Gründen und aufgrund außenpolitischer Entwicklungen die Einahmen des Staates zurückgingen, kam es zu einer entscheidenden militärischen Schwächung des Reiches.

Die Seldschuken: schlagkräftige Gegner in Kleinasien

Seit der Mitte des 11. Jahrhunderts bedrohten neue Gegner das Reich, denen Byzanz nicht mehr gewachsen war. Die nach Kleinasien eindringenden türkischen Gruppierungen unter der Führung der Dynastie der Seldschuken wurden 1071 bei Manzikert in Ostanatolien zur Schlacht gestellt, die mit einer Niederlage für Byzanz endete, bei der sogar Kaiser Romanos IV. Diogenes (1068 – 1071) vorübergehend gefangen genommen wurde. Als direkte Konsequenz dieser Gefangennahme brach ein

Bürgerkrieg aus, da die einflussreiche Familie der Dukas die Situation nutzte, um den von Romanos aufgrund seiner Minderjährigkeit verdrängten Michael VII. Dukas (1071–1078) nun zum Alleinherrscher auszurufen.

Weniger die militärische Niederlage als vielmehr die Einbindung der Seldschuken als Verbündete in diesen Konflikt war der Grund dafür, dass in kürzester Zeit fast ganz Kleinasien verlorenging. Die Seldschuken gründeten dort eine eigene Herrschaft, das „Sultanat von Rum", also das römische bzw. byzantinische Sultanat, womit der Beginn der türkischen Ansiedlung in Kleinasien eingeleitet wurde. Im Norden erschien wiederum ein anderes Nomadenvolk, die Petschenegen, die die Balkanprovinzen verwüsteten, während sich in Süditalien seit dem Beginn des 11. Jahrhunderts die Normannen angesiedelt und Byzanz Schritt für Schritt verdrängt hatten, bis schließlich ebenfalls im Jahr 1071 mit Bari der letzte byzantinische Stützpunkt fiel.

In dieser kritischen Situation, als das Reich von drei verschiedenen Gegnern bedrängt wurde, kam Alexios I. Komnenos (1081–1118), der der Provinzialaristokratie entstammte, durch eine Militärrevolte angesichts eines drohenden normannischen Angriffs im April 1081 an die Macht. Durch die Heirat mit Eirene Dukaina sicherte er seine Herrschaft ab, zumal er Konstantin, den Sohn Michaels VII. Dukas, als Mitkaiser beteiligte, allerdings nur bis zur Geburt seines Sohnes und Thronfolgers Johannes.

Die Komnenen: Aristokraten eines neuen Typs

Die Herrschaft des Alexios stellte ohne Zweifel einen Wendepunkt dar. Der Kaiser agierte nun nicht mehr in antiker Tradition als absoluter Herrscher, gestützt auf einen von ihm abhängigen Beamtenapparat, sondern er sah sich vielmehr als Oberhaupt der führenden Familie, der Komnenen. Gleichzeitig verbündete er sich und seine Familie mit den anderen aristokratischen Familien, vor allem durch ein vielfältiges Netz von Eheschließungen und Verwandtschaftsbeziehungen.

Die Familie der Komnenen wurde dabei durch die Einführung eines neuen Titels herausgehoben, der nur Mitgliedern der kaiserlichen Familie verliehen werden konnte, des *sebastos*-Titels, der griechischen Übersetzung von *augustus*. Nun entstand auch in Byzanz etwas Ähnliches wie im Westen: eine adlige Oberschicht, die sich über Familienzugehörigkeit definierte und kriegerisch-ritterliche Ideale vertrat. Nachdem sich diese aristokratischen Familien aber in Konstantinopel und am Hof etabliert hatten, übernahmen sie die traditionellen, auf antiker Bildung beruhenden byzantinischen Vorstellungen.

Alexios gelang es so zwar, die byzantinischen Kräfte zu vereinen, doch reichte dies allein nicht aus. Den Normannen, die über eine schlagkräftige Flotte verfügten, war Byzanz mehr oder minder schutzlos ausgeliefert, da die eigene Kriegsmarine aus finanziellen Gründen vernachlässigt worden war. Es blieb dem Kaiser daher nichts anderes übrig, als 1082 mit Venedig einen Vertrag zu schließen, in dem sich die Venezianer dazu verpflichteten, Byzanz gegen die Angriffe der Normannen mit ihrer Flotte zu Hilfe zu kommen. Als Gegenleistung erhielt Venedig weitgehende Handelsrechte auf byzantinischem Gebiet, Zollnachlässe und ein eigenes Quartier in Konstantinopel. Inwieweit hiermit eine für Byzanz verhängnisvolle Entwicklung eingeleitet wurde, ist umstritten. Die weitestgehende Übernahme des byzantinischen Außenhandels zunächst durch Venedig und dann auch Genua trug sicher zu einer Belebung der byzantinischen Wirtschaft bei.

Nachdem die normannische Gefahr auf diese Weise gebannt war und Alexios 1091 auch die Petschenegen besiegen konnte, war das Byzantinische Reich zunächst einmal gesichert. Alexios wandte sich nun der Rückgewinnung Kleinasiens von den Seldschuken zu. Doch auch dazu fehlten ihm die militärischen Mittel. Wie schon vorher durchaus üblich, beabsichtigte er, im westlichen, lateinischen Europa Hilfstruppen anzuwerben. Zu diesem Zweck wandte er sich mit der Bitte um Vermittlung an Papst Urban II. (1088–1099). Dieser hatte seinerseits nach den schweren Zerwürfnissen zwischen

Mitte des 11. Jahrhunderts tauchte eine neue Bedrohung für das Byzantinische Reich auf: die Seldschuken (Buchmalerei aus der Chronik des Johannes Skylitzes, 13. Jahrhundert).

Byzanz und Papst Gregor VII. (1073–1085) unter anderem die normannischen Angriffe auf Konstantinopel befürwortet und eine Annäherung an Konstantinopel und die orthodoxe Kirche angestrebt.

Urban wurde offenbar durch die Bitte des byzantinischen Kaisers um Unterstützung zu einer eigenen großangelegten Initiative angeregt. Nach allem, was man über die Motive des Papstes weiß, ging es ihm dabei wohl vor allem darum, ein eigenständiges Heer unter päpstlicher Leitung nach Byzanz zu entsenden, um zunächst die muslimischen Seldschuken aus Kleinasien zurückzudrängen.

Inwieweit die Rückeroberung Jerusalems von Anfang an ein Ziel Urbans war, ist unklar. Sicher ist, dass sich das Unternehmen nach seiner Vorstellung nicht gegen Byzanz und die orthodoxe Kirche richten sollte und weder die Etablierung lateinischer Herrschaften noch die einer lateinischen Kirche im Osten beabsichtigt war. Vielmehr scheint Urban die „Befreiung der östlichen Kirche" als Ziel ausgegeben zu haben. In Rom ging man eben trotz aller kulturellen Unterschiede und der Streitigkeiten von 1054, auf die später noch eingegangen wird, noch immer davon aus, einer gemeinsamen Kirche anzugehören. Wohl wollte Urban aber durch diese Hilfe den päpstlichen Anspruch, das Oberhaupt der gesamten Christenheit zu sein, durchsetzen.

Ende des Jahres 1095 rief der Papst daher auf dem Konzil von Clermont die versammelte Ritterschaft dazu auf, sich an diesem Kriegszug zur Befreiung der *ecclesia orientalis*, der östlichen Kirche, zu beteiligen. Ende 1096/Anfang 1097 vereinigten sich die verschiedenen Gruppen in Konstantinopel. Dies war sicher nicht das, worum Alexios gebeten hatte. Statt einiger Hilfstruppen, die sich seinem Kommando unterstellt hätten, stand nun ein eigenständiges, nicht zu kontrollierendes Heer vor Konstantinopel.

Ohne Zweifel handelte es sich hier um eine echte Bedrohung für das Byzantinische Reich, zumal die Normannen unter Bohemund von Tarent daran beteiligt waren, demselben Bohemund, der zehn Jahre zuvor noch versucht hatte, das Byzantinische Reich zu erobern. Alexios wollte daher die Kreuzfahrer möglichst schnell nach Kleinasien übersetzen. Zuvor verlangte er jedoch die Leistung eines Lehnseides von den Kreuzfahrern, was insofern äußerst ungewöhnlich war, als es diese Form der Herstellung sozialer Bindungen in Byzanz gar nicht gab, also eine westliche Praxis übernommen wurde. Auf der Grundlage dieses Eides verpflichteten sich die Kreuzfahrer, alle ehemals byzantinischen Gebiete, die sie erobern sollten, dem Kaiser zu übergeben.

In der von 1154 bis 1160 im sizilianischen Palermo errichteten Chiesa di San Cataldo vermischen sich byzantinische Stilelemente mit arabischen Einflüssen. Erbauer der Kirche waren die Normannen, welche die Byzantiner aus Sizilien verdrängt hatten.

Auf dem folgenden Marsch durch Kleinasien wurde das Heer der Rum-Seldschuken geschlagen, so dass die Kreuzfahrer ungehindert ihren Weg durch Kleinasien fortsetzen konnten. Die Seldschuken wurden dadurch zwar nicht vollständig aus Kleinasien vertrieben, jedoch ermöglichte dies den Komnenen, im Anschluss die westlichen Gebiete zurückzugewinnen. 1098 eroberten die Kreuzfahrer Antiocheia nach einer dramatischen und entbehrungsreichen Belagerung, die sich über mehrere Monate hinzog.

Kurz zuvor war Alexios, der mit seinem Heer den Kreuzfahrern zu Hilfe eilen wollte, wieder abgezogen, da ihm berichtet worden war, der Kreuzzug sei gescheitert. Für die Kreuzfahrer stellte sich dies als Verrat des Kaisers dar. Bohemund von Tarent nutzte diesen Vorwurf geschickt, um die Herrschaft in Antiocheia zu übernehmen und in offensichtlichem Bruch seines Alexios geleisteten Eides ein eigenes Fürstentum zu gründen. Im Sommer 1099 wurde schließlich Jerusalem erobert. Die Kreuzfahrer gründeten so ohne Berücksichtigung byzantinischer Ansprüche und Interessen unabhängige Herrschaften im Heiligen Land. Kaiser Alexios und auch sein Sohn Johannes II. (1118–1143) verfolgten da-

Beim Ersten Kreuzzug eroberten die christlichen Kreuzfahrer 1099 Jerusalem. Zuvor hatten sie auf dem Marsch durch Kleinasien den Rum-Seldschuken eine schwere Niederlage beigebracht. Byzanz konnte daraufhin von den Seldschuken gehaltene Gebiete zurückgewinnen (französische Buchmalerei, 14. Jahrhundert).

her in der Folge das Ziel, zumindest das nördlichste Kreuzfahrerfürstentum Antiocheia der byzantinischen Oberhoheit zu unterwerfen.

Manuel I. Komnenos (1143–1180) gab die kreuzfahrerfeindliche Politik seiner Vorgänger auf. Das eigentliche Ziel seiner Politik bestand in der Rückgewinnung byzantinischen Besitzes in Italien, wozu Manuel sich mit dem Papst gegen den westlichen Kaiser Friedrich I. Barbarossa (1155–1190) verbündete. Mit Rücksicht auf dieses Bündnis war an eine Unterwerfung der unter besonderem päpstlichem Schutz stehenden Kreuzfahrerstaaten nicht mehr zu denken. Im Vorderen Orient übernahm Manuel daher die Rolle des Beschützers der Kreuzfahrerstaaten. Daraus ergab sich zwar einerseits die Anerkennung der lateinischen Herrschaft, andererseits verschaffte die wachsende Abhängigkeit der Kreuzfahrer dem byzantinischen Kaiser zunehmend mehr Einflussmöglichkeiten, vor allem in Antiocheia.

Manuels Italien-Politik scheiterte schließlich, als der Papst und Friedrich Barbarossa wieder Frieden schlossen. Byzanz war daraufhin politisch isoliert. Zur gleichen Zeit konnte Sultan Saladin (1171–1193) Ägypten mit Syrien unter seiner Herrschaft vereinen, so dass die Kreuzfahrerstaaten in ihrer Existenz bedroht waren. Daraufhin unternahm Manuel I. 1176 einen großangelegten Kriegszug gegen die Seldschuken, um einerseits die Rück-

Christen gegen Christen: Beim Vierten Kreuzzug wandte sich das Heer der Kreuzritter unter venezianischem Einfluss gegen Konstantinopel. Sie nahmen 1204 die Stadt ein und plünderten sie (Miniatur aus dem 15. Jahrhundert).

eroberung Kleinasiens weiter voranzutreiben und andererseits den Weg zur Unterstützung der Kreuzfahrerstaaten freizumachen. Dies hätte sicher auch die Beziehungen zum Westen positiv beeinflusst. Bei Myriokephalon erlitt der Kaiser jedoch eine schwere Niederlage, die das vorzeitige Ende dieser Pläne bedeutete und die Stellung von Byzanz als bestimmende Großmacht im östlichen Mittelmeer schwächte. Bis zu seinem Tod 1180 gelang es Manuel nicht, Byzanz aus seiner politischen Isolierung herauszuführen.

Nachdem Kaiser Manuel nur einen minderjährigen Thronerben hinterließ, brach das komnenische Regierungssystem zusammen. Zwar standen unter den Komnenen die Aufstiegsmöglichkeiten in die allerhöchsten Würden und Ämter nur noch Angehörigen der kaiserlichen Familie offen, gleichzeitig fühlte sich aber ein immer größer werdender Kreis von Familienmitgliedern aufgrund seiner Abstammung dazu berechtigt, die Herrschaft zu beanspruchen. Es kam daher bald zu einer Reihe von Rebellionen und gewaltsamen Herrscherwechseln, die das Reich destabilisierten. Angriffe von außen konnten so kaum noch abgewehrt werden, wie die Plünderung Thessalonikes durch die Normannen 1185 deutlich vor Augen führte. Gerade die Streitigkeiten um die Nachfolge trugen dann dazu bei, dass 1203/04 der Vierte Kreuzzug unter venezianischem Einfluss gegen Konstantinopel umgelenkt werden konnte.

Die Trennung von Ost- und Westkirche

Der Vierte Kreuzzug mit der Gründung eines lateinischen Kaiserreichs und einem lateinischen Patriarchat von Konstantinopel stellte auch den Abschluss eines sich über viele Jahrhunderte hinziehenden Prozesses dar, der in die bis heute andauernde Trennung von Ost- und Westkirche mündete. Schismen zwischen lateinischer und griechischer Kirche hatte es schon vom Ende des 5. Jahrhunderts an gegeben. Auch die Ablehnung der Verehrung von religiösen Bildern im 8. und in der ersten Hälfte des 9. Jahrhunderts stellte eine Belastung für das Verhältnis dar. Doch wurden diese Differenzen immer wieder beigelegt. Beide Seiten hielten an der grundsätzlichen Einheit fest, wie sich schon daran zeigt, dass man sich bis zum Ende des 8. Jahrhunderts in den sieben ökumenischen Konzilien immer wieder über Glaubensfragen einigen konnte.

Dennoch repräsentieren die regelmäßig aufbrechenden Auseinandersetzungen Stationen auf dem Weg einer allmählichen Entfremdung. Zunächst begann dieser Prozess mit der sprachlichen Trennung. Schon seit dem 5. Jahrhundert waren auf beiden Seiten kaum noch Theologen zu finden, die die Sprache der anderen beherrschten. In derselben Weise entstanden unterschiedliche Bräuche und Riten, sei es in der Frage, wann gefastet wurde oder ob gesäuertes oder ungesäuertes Brot, die sogenannten Azymen, zur Eucharistie verwandt wurde. Einen gewichtigen Streitpunkt stellte die Hinzufügung der *filioque*-Formel zum Glaubensbekenntnis von Nikaia dar. Während es in der ursprünglichen Fassung heißt, der Heilige Geist gehe vom Vater aus, wurde das Glaubensbekenntnis im 5. Jahrhundert im Bereich der lateinischen Kirche um den Zusatz „und vom Sohne" *(filioque)* ergänzt. Auch wenn diese Ergänzung erst Anfang des 11. Jahrhunderts abschließend vom Papsttum als all-

Mit der Eroberung Konstantinopels durch christliche Kreuzfahrer wurde die Orthodoxie durch die lateinisch-römische Kirche verdrängt, die Trennung von Ost- und Westkirche war damit vollzogen. Eine Ikone aus dem 18. Jahrhundert zeigt die ökumenischen Konzile von Nikaia (325) sowie Konstantinopel (553 und 680). Bei insgesamt sieben solchen Bischofsversammlungen war um die Einheit der Kirche gerungen worden.

gemein gültig eingeführt wurde, war sie doch schon vorher mehrfach der Anlass für Auseinandersetzungen gewesen. Als ständiger Streitpunkt wurde diese Frage vom konstantinopolitanischen Patriarchen Photios etabliert, nachdem die Rechtmäßigkeit seiner Wahl vom Papst bestritten worden war. Zwar kam es auch in diesem Fall einige Jahre später zu einer Einigung zwischen Photios und dem Papsttum, doch mit seinen Schriften gegen die Irrtümer der Lateiner hatte der Patriarch von Konstantinopel späteren Generationen das Material für ihre antilateinischen Polemiken bereitgelegt.

Als nun das Papsttum im Zuge der normannischen Eroberungen versuchte, das bisher dem Patriarchat von Konstantinopel unterstellte Süditalien unter seine kirchliche Jurisdiktion zu bringen, brach erneut ein Streit zwischen der lateinischen und der griechisch-orthodoxen Kirche aus. Kardinal Humbert von Silva Candida wurde daraufhin 1054 als päpstlicher Gesandter nach Konstantinopel geschickt, um den Konflikt beizulegen. Da aber weder Humbert noch der Patriarch von Konstantinopel Michael Keroularios an einer friedlichen Einigung interessiert waren, eskalierte der Streit. Humbert legte schließlich eine Bulle mit der Exkommunikation des Patriarchen von Konstantinopel auf den Altar der Hagia Sophia. Nach der bald darauf erfolgten Abreise Humberts wurde dieser seinerseits von Keroularios exkommuniziert.

Auch wenn es beim Streit von 1054 wohl im Grunde um Fragen der Jurisdiktion ging, so stand in den offiziellen Diskussionen das Problem der „Azymen" im Vordergrund. Diese rein rituelle Frage fand offenbar gerade in Süditalien, wo Orthodoxe und Lateiner in direktem Kontakt zusammenlebten, eine gesteigerte Beachtung. Hierbei ist zu berücksichtigen, dass sich in der mittelalterlichen Welt der Glaube vor allem in der liturgischen Feier ausdrückte und das Ritual zum Wesensmerkmal der religiösen Gemeinschaft wurde. Es lag also nahe, dass sich in der Kontaktzone Süditalien der Streit zunächst an den äußeren Merkmalen festmachte. Die Bedeutung der Ereignisse des Jahres 1054 bestand also darin, dass das Repertoire der gegenseitigen Vorwürfe erweitert wurde, indem nun auch Fragen des Ritus und des Kirchenrechts in den Rang von heilsnotwendigen Glaubenssätzen erhoben wurden.

Da gerade diese Themen der breiten Bevölkerung leichter zugänglich waren als theologische Spitzfindigkeiten, trug der Streit sicher seinen Teil zur Verschlechterung der allgemeinen Stimmung den Lateinern gegenüber bei. Von einem endgültigen Schisma kann 1054 aber keineswegs die Rede sein, Humbert und Keroularios hatten sich lediglich gegenseitig, nicht aber die gesamte Kirche des jeweils anderen exkommuniziert. Auch ein Abbruch der Beziehungen fand nicht statt, lassen sich doch schon in den nächsten Jahren wieder Kontakte zwischen den beiden Kirchen nachweisen.

Dementsprechend ging Papst Urban II. bei der Organisation des Ersten Kreuzzugs von einer Kooperation mit Byzanz und der orthodoxen Kirche aus. Die Ereignisse nahmen aber wie beschrieben einen anderen Verlauf. Gerade durch die Kreuzzüge verschlechterte sich das Verhältnis zwischen Lateinern und Griechen entscheidend. Mit der Errichtung einer lateinischen Kirche in den Kreuzfahrerstaaten wurden die orthodoxen Patriarchen und Bischöfe dort verdrängt und mussten ins Exil nach Konstantinopel ausweichen. Durch die Eroberung Konstantinopels 1204 während des Vierten Kreuzzugs kam die Verdrängung der Orthodoxie durch die lateinisch-römische Kirche zum Abschluss. Jetzt repräsentierten die Lateiner in ihrer Vorstellung selbst die *ecclesia orientalis*. So sah es zumindest kurzzeitig Papst Innozenz III. (1198–1216). Für ihn war mit dem Vierten Kreuzzug die Union zwischen West- und Ostkirche vollzogen. Tatsächlich war mit 1204 das Schisma endgültig geworden und der Hass auf die Lateiner in der orthodoxen Bevölkerung so tief verankert, dass alle späteren Bemühungen um eine Kirchenunion scheitern mussten und man die Herrschaft der Türken der Anerkennung des päpstlichen Primats vorzog.

Prof. Dr. Johannes Pahlitzsch, geb. 1963, lehrt Byzantinistik an der Johannes Gutenberg-Universität Mainz.

Martin Marko Vučetić M. A., geb. 1982, ist Wissenschaftlicher Mitarbeiter am Historischen Seminar der Johannes Gutenberg-Universität Mainz, Arbeitsbereich Byzantinistik.

Prachtentfaltung des Hofes

Mehr Zeremoniell als reale Macht

Michael Grünbart

Das byzantinische Kaisertum erwies sich als langlebige Institution, auch wenn die Herrscher – oft infolge von Umstürzen – häufig wechselten. Höfische Prachtentfaltung und Zeremonien sollten Beständigkeit signalisieren sowie Machtfülle, an der es gerade in spätbyzantinischer Zeit zunehmend mangelte.

Das byzantinische Kaisertum hatte anders als das westliche, das mit Karl dem Großen im Jahr 800, knapp 325 Jahre nach dem Abdanken des letzten weströmischen Imperators Romulus Augustulus (476), gleichsam wiederbelebt wurde, eine ungebrochene Tradition. Kaiser Konstantin (306–337) leitete indes durch die Akzeptanz des christlichen Glaubens eine Transformation des römischen Kaisertums in ein christlich dominiertes Herrschaftsverständnis ein. Seit ihm wurde der byzantinische Kaiser als der Stellvertreter Gottes auf Erden verstanden, was ihm eine besondere Rolle im gesellschaftlichen Gefüge einräumte: Er verkörperte nicht nur das Reich, sondern trat auch als Beschützer des orthodoxen Glaubens auf und war aus diesem Grund auch derjenige, der kirchliche Großversammlungen einberief, diese leitete und die Konzilsakten beglaubigte. Der Kaiser stimmte der Patriarchenwahl zu und bestätigte bis weit ins 8. Jahrhundert auch die Bestellung des Papstes in Rom.

Inszeniert wurde der erste christliche Kaiser christusgleich in der Apostelkirche von Konstantinopel, wenn man dem Biographen Konstantins, Eusebios von Kaisareia (gest. 339/40), Glauben schenken darf. Umringt von zwölf Scheingräbern (Kenotaphen, griechisch *thekai*), die für die zwölf Apostel standen, wurde Konstantin in einen Sarkophag gebettet. Gebeine von Aposteln bzw. Schülern der Apostel wurden erst später in die Kirche überführt, als die Stadt Konstantinopel allmählich mit einer „spirituellen“ Geschichte ausgestattet wurde. Anders als Rom konnte Konstantinopel keinen direkten Bezug zur Heilsgeschichte nachweisen. Die Apostelkirche be-

Die byzantinischen Kaiser sahen sich als Stellvertreter Gottes auf Erden sowie als Beschützer der orthodoxen Kirche. Ein Mosaik in der Hagia Sophia verdeutlicht dieses besondere Herrschaftsverständnis: Es stellt die Gottesmutter mit Jesuskind dar, umrahmt von Kaiser Johannes II. Komnenos (1118–1143) und seiner Frau Eirene.

herbergte viele Kaisergräber, wegen ihrer Baufälligkeit wurde die Ruine 1461 abgetragen und durch die Fatih-Moschee, zu Ehren Mehmeds des Eroberers errichtet, ersetzt.

Neue Herrscher nehmen sich den Thron mit Gewalt

Widerrechtlich die Macht an sich zu reißen stellte bis zum Ende des Reiches 1453 eine Konstante in der byzantinischen Innenpolitik dar. Schon Konstantin, der erste Kaiser des byzantinischen (christlichen) Reiches, kam gewaltsam an die Macht, nachdem er sich – in der Folge seiner Ausrufung zum *augustus* im Jahr 306 in Eboracum (York) – gegen alle seine Kontrahenten durchgesetzt hatte. Schematisch lässt sich eine solche Usurpation folgendermaßen umreißen: Ein militärischer Befehlshaber wird von seiner Abteilung oder seinen Gefolgsleuten akklamiert, das heißt zum Kaiser ausgerufen. Danach muss der Usurpator versuchen, die Gewalt über Konstantinopel, das seit dem ausgehenden 4. Jahrhundert praktisch die Hauptstadt des römischen Imperiums wurde, zu erlangen. Die Behauptung des Kaisertums war mit der Kontrolle über das Reichszentrum verbunden. Ein Usurpator, der es nicht schaffte, die aus dem 5. Jahrhundert stammenden theodosianischen Stadtmauern zu bezwingen, hatte keine Chance, den Thron zu besteigen und damit Anerkennung zu gewinnen.

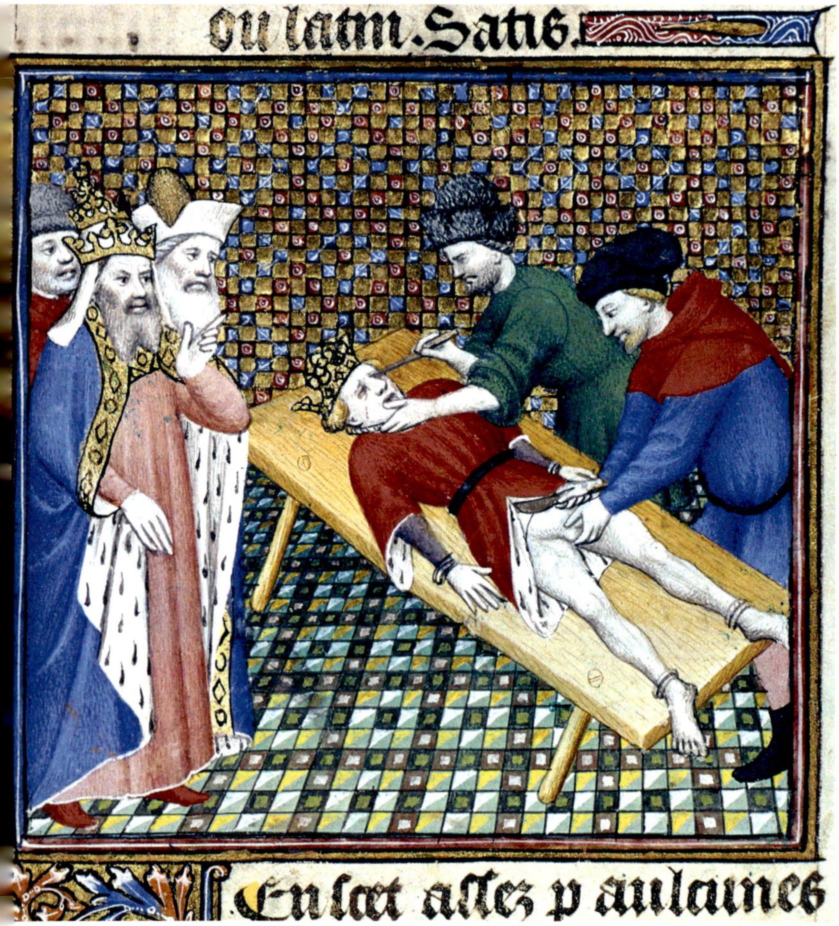

Bei den häufigen gewaltsamen Umstürzen im Byzantinischen Reich gingen die Sieger mit den unterlegenen Prätendenten um die Macht nicht gerade zimperlich um. Die Manuskript-Illumination von 1410 zeigt die Kastration des Kaisers Isaak II. Angelos (1185–1195 und 1203/04).

Die Idee eines Gegenkaisers mit eigenem Territorium existierte in Byzanz lange Zeit nicht. Schaffte es ein Usurpator, den amtierenden Kaiser zu beseitigen, dann wurde dies als göttlicher Wink interpretiert und der Machtwechsel geduldet. Zum Abschluss eines Coups mussten noch weitere Legitimierungsschritte unternommen werden. Dazu zählte die Krönung, die sich seit dem 5. Jahrhundert zu einem wesentlichen, wenn nicht gar konstituierenden Element entwickelte. Innerhalb einer (etablierten) Herrscherdynastie krönte der Hauptkaiser seine(n) Mitkaiser, was auch dazu diente, gegen mögliche Umsturzversuche besser gewappnet zu sein und eine Familie dynastisch abzusichern. Seit der Mitte des 5. Jahrhunderts kam dem konstantinopolitanischen Patriarchen zunehmend, manchmal ergänzend die Funktion des Krönenden zu. Für einen Usurpator war die Krönung durch den obersten Geistlichen in der mittelbyzantinischen Zeit das wichtigste Element zur Absicherung der Macht. Darum versuchten einige Usurpatoren, bereits im Vorhinein Kontakte zum Patriarchen zu knüpfen. Auffällig ist bei einer Usurpation die Einholung der Zustimmung des Militärs, des Senats und des Volkes, was eigentlich keine Wahl darstellt, sondern eine Legitimation bedeutet, indem die verschiedenen Machtfaktoren des Reiches einen Konsens erzielen.

Was hier ebenfalls deutlich wird, ist, dass die byzantinische Gesellschaft relativ durchlässig war und man bei entsprechender Förderung und den richtigen Netzwerken auch nach der Kaiserkrone streben konnte. Was Karrierewege erleichterte, war die Tatsache, dass – anders als im lateinischen Westen – die byzantinische Aristokratie nicht durch Geburt definiert war. Dementsprechend gab es auch keine Adelstitel, die an die Nachkommen vererbt werden konnten.

Seit 641 wurden die byzantinischen Kaiser in der Hagia Sophia (Innenansicht von der Galerie aus) gekrönt. Gerade für neue Machthaber, die sich den Thron durch einen Umsturz angeeignet hatten, war die Krönung durch den Patriarchen eine entscheidende Quelle der Legitimation.

Auf Münzen verbreitet der Machthaber eilig sein Konterfei

Die Krönungszeremonie fand seit dem 7. Jahrhundert in der Hagia Sophia statt, dem baulichen Zentrum der Orthodoxie seit Justinian I., wo auch das Diadem Kaiser Konstantins aufbewahrt wurde. Der Regent durfte nun rechtmäßig purpurfarbene Stiefel, die augenfälligsten Insignien, tragen und Urkunden mit purpurfarbener Tinte ausstellen.

Eine der ersten Aktionen des neuinstallierten Souveräns war die Ausgabe neuer Münzen und die Verschickung von Kaiserbildern in die Regionen des Reiches. Der Kaiser war alleiniger Münzherr im Byzantinischen Reich. Es war ein schwerer Verstoß gegen das imperiale Selbstverständnis, wenn Münzen gefälscht wurden oder ein Usurpator eigene Geldstücke ausgab, bevor er gekrönt war. Ein neuer Machthaber war daran interessiert, sein eigenes Konterfei bzw. seinen Namen auf Metall prägen zu lassen, da mit diesem Medium ein Regierungswechsel am schnellsten visualisiert werden konnte. Eine Münze übernahm neben ihrer primären Funktion als Zahlungsmittel, dessen Echtheit der Kaiser mit seinem Bild garantierte, immer auch die Rolle eines Propagandavehikels. Es mag nicht verwundern, dass man sich der Majestätsbeleidigung schuldig machte, wenn man auf Münzen trat, diese veränderte oder gar vernichtete.

Während die Regenten in Byzanz oft in sehr kurzer zeitlicher Abfolge wechseln konnten, wurde die Idee des Kaisertums nie grundsätzlich angezweifelt. Man sah sich als Bewahrer des römischen Kaisertums. Dieses bekam zwar durch Karl den Großen Konkurrenz, was aber dem byzantinischen Selbstverständnis keinen Abbruch tat. Bis ins 12. Jahrhundert nahmen die Regenten am Goldenen Horn einen anerkannten Platz im Konzert der europäischen Herrscher ein. Dies änderte sich im Gefolge des Vierten Kreuzzugs (1202–1204), als das byzantinische Kaisertum nur im Exil weiterbestehen konnte und sich eine lateinische Konkurrenz in der Hauptstadt festsetzte. Nach dem Ende des lateinischen Intermezzos im Jahr 1261 blieb den zurückgekehrten Kaisern für die restlichen 200 Jahre oft nur die Rolle von Bittstellern, die sich durch die kirchliche Union mit dem Papsttum militärische Unterstützung gegen äußere Feinde wie die Osmanen (seit etwa 1300) erhofften.

Inszeniert wurde das byzantinische Kaisertum im öffentlichen Raum und im streng abgeschotte-

Der Porphyrogennetos-Palast (türkisch Tekfur Sarayı: „Palast des Kaisers") wurde im späten 13. Jahrhundert – vermutlich unter Kaiser Michael VIII. Palaiologos – im Nordwesten Konstantinopels errichtet. Die Fassaden (im Bild die Nordansicht) bestehen aus Backstein und weißem Marmor.

ten Palast durch ein ausdifferenziertes Zeremoniell, das den Souverän gleichsam in eine höhere Sphäre hob. Die Stadt am Goldenen Horn wurde dementsprechend prachtvoll ausgestattet und bot so die entsprechende Plattform dafür.

Als Kaiser Konstantin die Kleinstadt Byzantion zu seiner zukünftigen Residenz bestimmte, wurde mit dem Bau repräsentativer Anlagen begonnen. Am 11. Mai 330 wurde die Stadt, die in antiker Manier nach dem neuen Machthaber benannt wurde, feierlich eingeweiht, wenngleich sie zu diesem Zeitpunkt mehr einer Großbaustelle als einem Regierungszentrum glich. Der Stadtgeburtstag wurde jährlich mit einer besonderen Zeremonie begangen: Eine vergoldete Holzstatue des Kaisers Konstantin, die eine ebenfalls vergoldete Figur der Stadtgöttin Tyche in der Hand hielt, wurde von Soldaten mit Kerzen in den Händen in den Hippodrom, die Pferderennbahn, gezogen. Der jeweils regierende Kaiser hatte von seiner Loge aus diesem Standbild seine Referenz zu erweisen.

Wie Rom, Trier, Mailand, Antiocheia oder Nikomedeia besaß auch die Neugründung am Bosporus eine Pferderennbahn, die von Konstantin nach dem Vorbild des Circus Maximus in Rom erweitert wurde. Diese Stätte, die bis zu 35 000 Zuschauer fassen konnte, diente einerseits der Unterhaltung der Stadtbevölkerung und andererseits der Repräsentation und Selbstdarstellung imperialer Macht. Hier begegnete der Kaiser seinen Untertanen und setzte sich der Stimmung der Massen aus.

Das Volk ist in einflussreichen Zirkusparteien organisiert

Im Hippodrom dominierten vier sogenannte Zirkusparteien (griechisch *demoi*; Demen) in den Farben Grün, Blau, Rot und Weiß. Ein großer Teil der Stadtbevölkerung war in ihnen organisiert. Sie hatten insofern politischen Einfluss – auch auf die staatliche Zentralgewalt –, als sie das einfache Volk über die Teilnahme an Spielen und anderen Veranstaltungen im Hippodrom mobilisierten. In der Regel unterstützten die Demen die Wagenlenker ihrer jeweiligen Rennställe. Bis zum 7. Jahrhundert, in der frühbyzantinischen Zeit, bargen diese Parteien auch ein Unruhepotential, da sich Ausschreitungen im Hippodrom rasch zu einem Flächenbrand ausdehnen konnten.

Das markanteste Ereignis dieser Art war der sogenannte Nika-Aufstand im Jahr 532, bei dem der Kaiser Justinian I. aber die Oberhand behielt und seine Macht letztendlich festigte. Den Demen kam aber auch eine wichtige Funktion bei der Systemstabilisierung zu, da sie effektvoll dem Kaiser huldigten. Die Sprechchöre der Demen wurden zu einem fixen Bestandteil des Kaiserrituals. Wenn sie auch keine wirkliche „politische" Macht mehr hatten, sind doch bis ins 12. Jahrhundert rhythmisierte Parolen überliefert, die von ihnen – auch wechselweise – bei bestimmten Festlichkeiten vorgetragen wurden.

Im Hippodrom fanden nicht nur Rennen statt – wie das Pferdegemüserennen am Stadtgeburtstag, bei dem an die Bevölkerung Gemüse und andere Gaben verteilt wurden –, sondern auch Hinrichtungen, Schandumzüge und zirkusartige Darbietungen. Im 12. Jahrhundert organisierte man dort sogar Ritterturniere. Kann man vom Hippodrom noch Reste in der urbanen Topographie erkennen, da der Platz in der osmanischen Zeit weiterbenutzt wurde (dann *At Meydanı* genannt), so sind von anderen repräsentativen Bauten oft nur schriftliche Nachrichten überliefert.

Wie jede spätrömische Kaiserresidenz besaß Konstantinopel entsprechende Platzanlagen, auf denen Monumente der Regenten errichtet wurden. Das einzige noch an diesem Ort bestehende Denkmal aus der Anfangsphase der imperialen Stadtgeschichte ist eine Säule aus Porphyr (oft purpurroter Stein mit weißen Einsprengseln), welche noch in byzantinischer Zeit mehrfach restauriert wurde. Ursprünglich trug diese eine (vielleicht vergoldete) Statue Konstantins in Helios-Gestalt, die aufgrund witterungsbedingter Beschädigungen im 12. Jahrhundert durch ein Kreuz ersetzt wurde. Säulen prägten den urbanen Raum bis in die spätbyzantinische Zeit, wie frühneuzeitliche Reisende auch bildlich dokumentierten (zum Beispiel der italienische Mönch und Geograph Cristoforo Buondelmonti, gest. 1430). Verbunden waren die wichtigsten Plätze durch breite Straßen, wovon die wichtigste in Konstantinopel die *Mese* („die Mittlere") bildete, die vom Goldenen Tor an der Stadtmauer bis zum Augustaion, dem Platz zwischen dem weltlichen und dem geistlichen Machtzentrum, der Hagia Sophia und dem Großen Kaiserpalast, führte. Auf dieser Hauptstraße wurden Triumphzüge und die wichtigsten Prozessionen begangen. Es ist belegt, dass die Mese bei besonderen Anlässen geschmückt wurde.

Als Johannes II. Komnenos etwa 1133 siegreich aus Kleinasien zurückkehrte, wurde dieser Erfolg triumphal inszeniert: Ein silberbeschlagener, mit Halbedelsteinen geschmückter Wagen wurde eigens konstruiert, auf dem eine Ikone der Muttergottes durch die mit purpurgesäumten und golddurchwirkten Teppichen und Tüchern geschmückte Hauptstraße gezogen wurde. Zuschauertribünen wurden errichtet, damit die Bevölkerung dem Einzug ihres Herrschers beiwohnen konnte.

Kaiserpaläste: ein riesiges Konglomerat luxuriöser Räume

Die Lage des schon genannten Hippodroms war geschickt gewählt, grenzte dieser doch direkt an den Kaiserpalast an. Dieses Muster findet man in eini-

Vom Großen Palast in Konstantinopel, entstanden unter Theodosius II. (408–450), ist kaum noch etwas erhalten. Angrenzend an den Hippodrom, erstreckte sich die Anlage an der Spitze der Halbinsel über mehrere Terrassen zum Marmarameer hinab. Die Schemazeichnung des Palastes stammt von 1935.

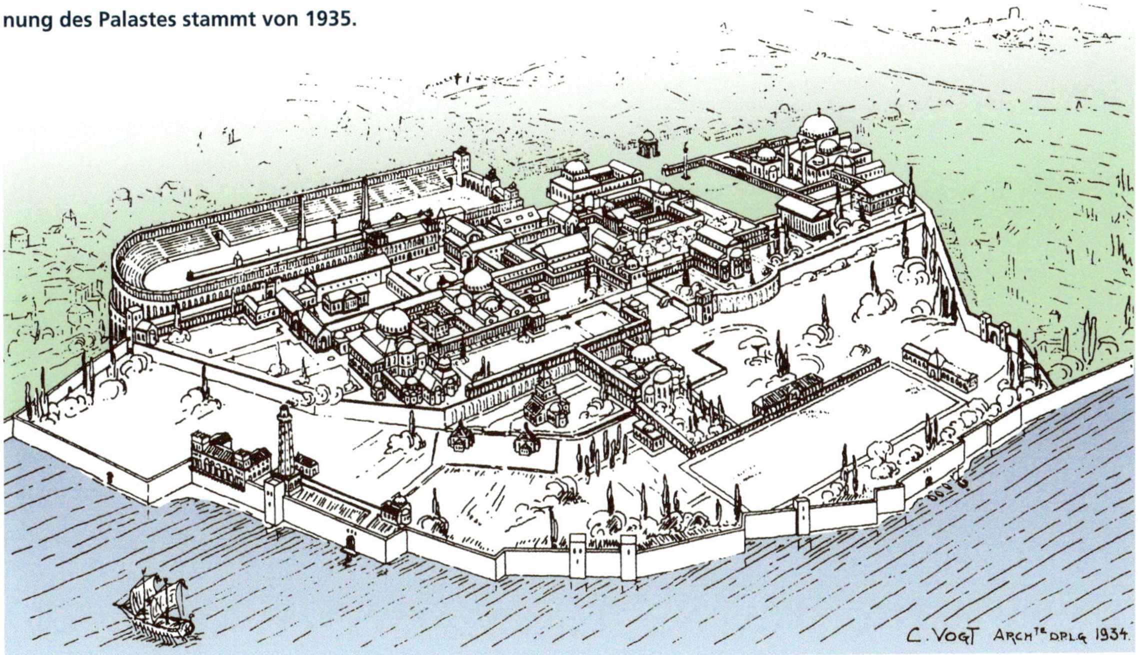

gen spätrömischen Städten, die von Kaisern häufig frequentiert wurden. Vorbild ist hierbei Rom, wo der Circus Maximus direkt mit dem Palatin, der Residenz der römischen Kaiser, verbunden worden war. Auch in Konstantinopel konnte der Kaiser bequem von seinen Gemächern in das Stadion gehen und dort in der Kaiserloge Platz nehmen. Erschien der Kaiser in seiner Loge, dann huldigte ihm das Volk, oder – was im byzantinischen System auch möglich war – es tadelte seinen Kaiser. Leider ist vom Palast Konstantins und seiner Nachfolger, dem „Großen Palast", praktisch nichts erhalten. Bloß einige Mosaikfußböden mit ländlichen Motiven aus dem 5. Jahrhundert wurden freigelegt. Die Anlage kann nur aus schriftlichen Quellen rekonstruiert werden, da viele Teile schon in byzantinischer Zeit verfallen waren und die Reste überbaut wurden.

Der Große Palast lag auf einer Terrasse an der Spitze der Halbinsel, von wo aus man das Marmarameer überblicken konnte – der ursprüngliche Palast begann bei dem erwähnten Augustaion nahe der Hagia Sophia und erstreckte sich östlich des Hippodroms Richtung Süden. Stück für Stück breitete sich die Palastanlage über weitere Terrassen hinab zum Marmarameer aus. Bei diesem imperialen Bau handelte es sich nicht um ein einziges Gebäude, sondern man muss sich ein Konglomerat unterschiedlichster Bauten darunter vorstellen. Im Lauf der Jahrhunderte änderte sich der Grad der Benutzung einzelner Teile, so dass manche Bereiche allmählich in baulich schlechteren Zustand gerieten.

Neben dem kaiserlichen Wohnbereich, Kapellen, Prunksälen, dem kaiserlichen Kreißsaal (wegen der Auskleidung mit Porphyrstein „Porphyra" genannt), dem Polospielplatz und Gartenanlagen gab es auch Häuser auf diesem Areal, die hohen Hofbeamten zugewiesen wurden. Die luxuriöse Ausstattung der repräsentativen Räume ist verschiedentlich beschrieben worden: So verprasste Kaiser Michael III. (842 – 867) angeblich den Reichtum des Kaiserpalastes und schreckte dabei auch nicht davor zurück, kostbare Dinge in Münzen umzuwandeln. Der Historiograph Johannes Skylitzes schreibt zur Ausstattung des Chrysotriklinos, des goldenen Empfangssaales: „Er [Michael III.] ließ jene weltberühmte goldene Platane, die zwei goldenen Löwen, die zwei Greife, die ihrerseits Schmiedearbeiten aus lauterem Gold waren, die goldene Orgel sowie weitere Kunstwerke, derentwegen man das rhomäische [= byzantinische] Kaiserreich bewunderte, von einem Gewicht von nicht weniger als zweihundert Zentnern, einschmelzen. Darauf wies er all dies der kaiserlichen Kasse als Münzgold zu. Ähnlich verfuhr er auch mit den kaiserlichen Gewändern, die teils aus purem Gold, teils goldbestickt waren."

Ein freigelegtes Fußbodenmosaik (um 530, Kinder auf einem Dromedar reitend) zeugt von der einstigen Pracht des Großen Kaiserpalastes. Die großflächigen Mosaike zeigten Jagd- und Tierbilder sowie Szenen des Landlebens.

An der Nutzung des Großen Palastes wurde so lange wie möglich festgehalten, da sich dort der regierende Souverän in Glanz und Glorie zeigen konnte und dadurch die Kontinuität der Größe des alten Kaisertums sichtbar gemacht wurde. Im Palastareal befanden sich nicht nur die kaiserlichen Schatzkammern, sondern auch die wichtigsten Reliquien der Christenheit in der Mutter-Gottes-Kapelle am Pharos („Leuchtturm"; *Theotokos tu Pharu*).

Einen guten Eindruck von der glanzvollen Organisation des Palastlebens gibt die Schrift „De ceremoniis", welche Kaiser Konstantin VII. von 945 bis 959 zusammenstellen ließ. Darin werden viele Zeremonien aus früheren Jahrhunderten beschrieben, die großenteils im 10. Jahrhundert keine Bedeutung mehr hatten. Wichtig war nach wie vor der Chrysotriklinos, errichtet von Justinus II. im 6. Jahrhundert. Diese achteckige Halle lag an einem Schnittpunkt zwischen den privaten Räumen des Kaisers und dem öffentlichen Bereich des Palastes. Die Architektur dieses Gebäudes lässt sich mit der Kirche Sergios und Bakchos in Konstantinopel, mit San Vitale in Ravenna oder mit der Pfalzkapelle in Aachen vergleichen. Sieben der acht Apsiden – jener Raumteile, die in Kirchen an den Hauptraum anschließen – waren mit Vorhängen versehen, während die achte im Osten offen war. Dort zeigte sich der Herrscher den ankommenden Gästen mit entsprechender Würde.

Die Ausrichtung des Baus nach Osten kopierte das Schema einer Kirche. Verstärkt wurde dieser Eindruck dadurch, dass sich oberhalb der kaiserlichen Apsis (wahrscheinlich) ein Mosaik Christi befand. Hier wurden Beamte ausgezeichnet und befördert, hier versammelte sich der Hofstaat, um Befehle des Kaisers entgegenzunehmen.

Wichtig für das Hofzeremoniell im Großen Palast war der Chrysotriklinos, ein achteckiges, nach Osten ausgerichtetes Gebäude. Er diente als Schnittstelle zwischen öffentlichen Palastteilen und den privaten Räumen des Kaisers, und der Herrscher zeigte sich dort seinen Gästen. Eine mit dem Chrysotriklinos vergleichbare Architektur weist die hier abgebildete Pfalzkapelle in Aachen auf.

Zur Audienz beim Kaiser gehörte es, sich in Proskynese auf den Boden zu werfen, wie es auf diesem Teil eines Sarkophags abgebildet ist. Auf dem Thron sitzt Konstantin der Große.

Im Lauf des 10. Jahrhunderts errichtete Nikephoros II. Phokas (963 – 969) eine Befestigungsmauer um die südlichen Teile des Palastareals. Diese baulichen Maßnahmen trugen aber nicht dazu bei, sein Überleben zu sichern, da seine Gegner von der Seeseite her in den Bukoleon-Palast eindrangen, der direkt am Marmarameer stand. Reste diesen Palastteiles sieht man heute noch, allerdings durch die Umgehungsstraße und die Eisenbahnlinie arg beeinträchtigt.

Dieser Bereich des Palastareals blieb bis zum Vierten Kreuzzug (1202 – 1204) intakt. Doch bereits Vertreter der Komnenen-Dynastie (1081 – 1185) bevorzugten es, in einem anderen Teil der Stadt zu wohnen und zu repräsentieren, nämlich im Blachernen-Palast, der im Nordwesten der Stadt im Blachernen-Viertel gebaut wurde. 1204 wurde der Große Palast teilweise ausgeraubt, die Periode des lateinischen Kaisertums (bis 1261) trug dazu bei, dass die Anlagen in der spätbyzantinischen Zeit nur noch eingeschränkt zu benutzen waren. Nicht nur die mobilen Schätze wurden abtransportiert, zunehmend verschiffte man auch kostbare Bauteile nach Westen (zum Beispiel Säulen und Marmorplatten). Die Palaiologenkaiser (1259 – 1453) residierten im Blachernen-Palast, der intensiver Renovierungsarbeiten bedurfte.

Zeremoniell im Palast: Alles ist bis ins Detail geregelt

Wie lief nun das zeremonielle Leben im Palast ab? Zwei kurze Kapitel berichten davon in „De ceremoniis“: Der Palast wurde nach der Morgendämmerung geöffnet, der *hetaireiarches*, der Anführer der Palastgarden, öffnete eine Reihe von Toren bis zum „Haupteingang“; in dem sogenannten gedeckten Hippodrom, das keine Sportanlage war, sondern ein von Säulenhallen umgebener Hof, warteten die hohen Würdenträger streng nach Rängen geordnet, um zu ihren Arbeitsstätten vorgelassen zu werden. Die tägliche Prozession war ein Überbleibsel der römischen *salutatio Augusti* bzw. *cottidiana officia*, also der Begrüßung der hohen Würdenträger durch den Kaiser.

Man weiß natürlich nicht, ob stets alle Würdenträger daran teilnahmen. Idealtypisch lief diese Zeremonie folgendermaßen ab: Am Ende der ersten Stunde (um etwa sieben Uhr) – wenn alle ihre Plätze im gedeckten Hippodrom eingenommen hatten – klopfte der wöchentlich gewählte Führer der Diener im Chrysotriklinos dreimal an das Tor des *koiton* (Schlafgemach) des Kaisers. Auf dessen Befehl hin öffneten die Diener des Schlafgemachs die Tore und kleideten den Kaiser in ein *skaramangion* (gefärbte Seidentunika). Der Kaiser betrat den Chrysotriklinos, verneigte sich vor dem Christus-Mosaik. An normalen „Amtstagen“ setzte er sich auf ein goldenes *sellion* („Faltstuhl“) an der Seite des Raums und nicht auf den Thron, der an solchen Tagen unbesetzt blieb.

Der Vorhang wurde hochgezogen, und der *logothetes* (Minister) trat ein. Er fiel vor dem Kaiser in Proskynese auf den Boden, und mit ihm alle anderen, die anwesend waren. Dann trug der Kaiser dem Minister auf, diejenigen, die ihn sehen wollten, hereinzuführen. Die Prozedur der Audienz wurde durch einen Diener in der Regel um etwa neun Uhr beendet, und zwar, indem er mit seinem Schlüsselbund rasselte. Die Beamten verließen daraufhin den Saal.

Dieser Ablauf stellte das Minimum an rituellen Handlungen im Chrysotriklinos dar. An Festtagen bzw. bei der Auszeichnung hoher Würden-

Der Thron Salomos, nach biblischer Darstellung Herrscher des vereinigten Königreichs Israel im 10. Jahrhundert v. Chr., war Vorbild für den Thron der byzantinischen Kaiser. In einem Gemälde des Venezianers Giovanni Battista Tiepolo (1696–1770) ist Salomo auf seinem besonderen Stuhl zu sehen.

träger wurde der Rahmen festlicher inszeniert. Der Kaiser saß dann auf seinem Thron im Zentrum, die *kubikularioi* (Kammerdiener) umstanden ihn in einem Halbkreis, der *papias* (Hofpriester) begann ein Weihrauchgefäß zu schwenken, zuletzt hüllte er den Thron des Kaisers in Rauch. Die Würdenträger machten nach Rängen abgestuft vor dem Kaiser die Proskynese, dirigiert vom Zeremonienmeister. Danach wurde der zu dekorierende Kandidat hereingebracht, in seine Amtstracht gekleidet und mit den entsprechenden Insignien ausgezeichnet, die versammelten Würdenträger akklamierten dem Kaiser und riefen „Viele Jahre" (*polla ete*). Danach ging es in einer Prozession unter Akklamationen der Demen zur Hagia Sophia, wo der Kandidat die Kommunion und den Segen des Patriarchen erhielt.

Ausländische Gäste trafen im Chrysotriklinos zum ersten Mal auf den Kaiser, ihre erste Audienz wurde in der Magnaura (wahrscheinlich von *magna aula*, also „Große Halle") prunkvoll abgehalten. Man kann sich den Ablauf einer solchen Anhörung folgendermaßen vorstellen: Frühmorgens wurde alles penibel vorbereitet, der Kaiser nahm in vollem Ornat auf dem Thron Salomos Platz. Der Thron Salomos geht auf die alttestamentliche Beschreibung zurück und rückt den byzantinischen Kaiser in diese Tradition. Im ersten Buch der Könige (10, 18–20) heißt es: „Ferner ließ der König einen großen Thron aus Elfenbein anfertigen und mit bestem Gold überziehen. Sechs Stufen führten zum Thron hinauf. An seiner Rückseite war der Kopf eines Jungstiers, und zu beiden Seiten des Sitzes befanden sich Armlehnen. Zwei Löwen standen neben den Lehnen und zwölf zu beiden Seiten der sechs Stufen. Dergleichen ist noch für kein Königreich geschaffen worden."

Olga, Großfürstin von Kiew (945–969), wurde unter byzantinischem Einfluss zum Christentum bekehrt. Sie gehörte zu den Mächtigen, die am Hof in Konstantinopel mit besonderem Prunk empfangen wurden. In der Madrider Handschrift des Johannes Skylitzes ist die Bekehrung Olgas festgehalten.

Brüllende Löwen sollen die Gäste beeindrucken

Wenn der Gast nun eintrat, musste er die Proskynese machen, dabei ertönten Orgeln. Nachdem der Minister dem Gast Fragen gestellt hatte, traten die *automata* – eine mechanische Vorrichtung des Thrones – in Aktion: Die vergoldeten Metalllöwen auf den Thronstufen brüllten und wackelten mit ihren Schwänzen, künstliche Vögel sangen in den Bäumen. Danach durfte der Gast sprechen, und wenn er den Raum verließ, wurde der Mechanismus des Throns wieder in Gang gesetzt. Es gibt auch Berichte, wonach der Kaiser mit seinem Thron in die Höhe gehoben wurde. So hat es beispielsweise Liutprand von Cremona (um 920 – vor 973) berichtet.

Der Bischof reiste zweimal (oder gar dreimal) nach Konstantinopel (sicher 949 und 968), um dort Verhandlungen über eventuelle Heiraten zu führen. Er besaß Griechisch-Kenntnisse und hinterließ in seinen beiden Werken „Antapodosis" und „Relatio de legatione Constantinopolitana" lebhafte Schilderungen des byzantinischen Hoflebens. Über seine Begegnung mit Kaiser Konstantin VII. (949) schreibt er Folgendes: „Vor dem Throne des Kaisers stand ein eherner, aber vergoldeter Baum, dessen Zweige erfüllt waren von Vögeln verschiedener Art, ebenfalls von Erz und vergoldet, die sämtlich, ein jeder nach seiner Art, den Gesang der verschiedenen Vögel ertönen ließen. Der Thron des Kaisers aber war so künstlich gebaut, dass er in einem Augenblick niedrig, im nächsten größer, und gleich darauf hoch erhaben schien. Löwen von ungeheurer Größe, ich weiß nicht ob aus Metall oder aus Holz, aber mit Gold überzogen, standen gleichsam als Wächter des Thrones, indem sie mit dem Schweife auf den Boden schlugen, und mit offenem Rachen, mit beweglicher Zunge ein Gebrüll erhoben" (übersetzt aus Liutprands Werken, Karl von der Osten-Sacken, 1853). Als Liutprand eintrat, da brüllten die Löwen und zwitscherten die Vögel, und der Kaiser wurde samt seinem Thron emporgehoben und hatte sogar andere Kleider an. Der Kaiser präsentierte sich also auch als Beherrscher der akustischen Welt durch Apparate, die man schon aus der Antike kennt.

Staatsbankette, bei denen es eine streng geregelte Sitzordnung gab, wurden in einem Saal abgehalten, der „Iustinianos" hieß. Dazu gehörte die akustische Untermalung durch Orgeln, die etwa einen neuen Menügang ankündigten. Vor und während des Mahls gab es schauspielerische Darbietungen.

Solche Empfänge sind für arabische Gesandte, aber auch für Olga, die Fürstin der Rus, im 10. Jahrhundert belegt. Eine Episode, die das Treffen von Herrschern gut illustriert, ist die Begegnung von König Erik I. von Dänemark mit Kaiser Alexios I. im Jahr 1103. Erik war auf Pilgerfahrt und erreichte auf seinem Weg ins Heilige Land Konstantinopel. Der Kaiser schreckte zunächst davor zurück, ihn in die Stadt zu lassen, da in der kaiserlichen Garde viele Waräger (Nordmänner) waren, die möglicherweise Sympathien für Erik hegten. Nachdem sich der Kaiser der Loyalität der Dänen versichert hatte, ließ er Erik in die kostbar geschmückte Stadt einziehen und empfing ihn im Kaiserpalast. Dort ließ er ihn auch wohnen, was eine ganz besondere Ehre darstellte. Alexios befahl, Erik zu malen und ihn reich zu beschenken. Dem größten Wunsch des Dänen, Reliquien in sein Königreich mitzunehmen, wurde stattgegeben, und er erhielt einen Splitter des „Wahren Kreuzes" sowie die Reste der Gebeine des heiligen Nikolaus, die nach Slangerup in Dänemark, dem Geburtsort Eriks, geschickt wurden.

Die Kunde vom (sagenhaften) Reichtum der Stadt drang durch derartige Besuche in alle Teile Europas. In der Tat war Konstantinopel im 12. Jahrhundert nicht nur die größte, sondern auch ökonomisch eine der bedeutendsten Städte des Mittelmeerraums. Vor allem die Vorgänge um 1200 und die Planung des Vierten Kreuzzuges deuten darauf hin, dass es auch wirtschaftliche Motive für den Zug auf Konstantinopel gab. Ihren Glanz büßte die Stadt nach 1204 rasch ein, die Idee des Kaisertums lebte aber ungebrochen bis 1453 weiter, ehe der osmanische Sultan in die Fußstapfen der römischen Kaiser trat und diese bisherige Herrschaft auch ideologisch umdeuten musste.

Prof. Dr. Michael Grünbart, geb. 1969, lehrt Byzantinistik an der Universität Münster.

Byzantinischer Alltag

Leben in der größten Stadt des Mittelalters

Ewald Kislinger

Konstantinopel hatte Überfluss an Gütern, die teils von weit her in die stolze Metropole am Bosporus gebracht wurden. Die Bewohner der größten Stadt des Mittelalters blickten auf die Menschen außerhalb herab. Im Lauf der Jahrhunderte spiegelte sich in der Hauptstadt jedoch auch der allmähliche Abstieg des Byzantinischen Reichs wider.

Die Bucht des Goldenen Horns mit Konstantinopel und der gegenüberliegenden Siedlung Pera (Galata; französische Landkarte, 16. Jahrhundert).

Als im Frühjahr 1171 Amalrich, Herrscher des von Kreuzfahrern gegründeten Königreichs Jerusalem (1162–1174), in Konstantinopel weilte, lud ihn sein Gastgeber, der byzantinische Kaiser Manuel I. Komnenos (1143–1180), zu einer Bootsfahrt ein – vom Palast den Bosporus hinauf, der Europa von Asien trennt. Vom Meer bot sich ein weiter Blick auf die Kuppeln der vielen Kirchen, hochragende Triumphsäulen, das geschäftige Treiben in den Häfen, aber auch die Befestigungen, welche die Stadt allseits umgaben, waren klar erkennbar. Manuel setzte auf diese Weise um, was ein Leitfaden früherer Jahrhunderte riet: nämlich Fremden den Reichtum Konstantinopels vor Augen zu führen, welcher die Macht der Stadt widerspiegelt, die Zahl seiner Einwohner und vor allem seine Wehrhaftigkeit.

Die Gründung 324/330 von Konstantin dem Großen, der dem alten Byzantion seinen neuen Namen

Zahlreiche Reliquien, die in den ebenso zahlreichen Kirchen und Klöstern der Stadt aufbewahrt wurden, machten Konstantinopel attraktiv für christliche Pilger. Das Elfenbeinrelief aus dem 6. Jahrhundert zeigt eine Reliquienprozession: Zwei Bischöfe bringen den Schrein zur neuerbauten Kirche. Dort erwartet sie der Kaiser.

gab, hat über ein Jahrtausend das Reich symbolisiert, dessen Kerngebiete vom Balkan über Kleinasien bis in den Kaukasus, von der Krim bis Kreta reichten. Trotz dieser flächenmäßigen Ausdehnung entschied sich das Schicksal des Reichs auch tatsächlich immer wieder in der Hauptstadt: Hielt sie stand (gegen Araber und Bulgaren), oder fiel sie (1204 an die Kreuzfahrer, endgültig 1453 an die osmanischen Türken)? Die Geschichte des Byzantinischen Reiches ist deshalb häufig eine, die sich auf Konstantinopel konzentriert. Hier residiert der Kaiser, hier laufen die Fäden des Staates zusammen, hier fallen die Entscheidungen. Konstantinopel war dabei keine leblose Schaltzentrale, sondern eine dichtbevölkerte Metropole. Deren Einwohner hatten zumindest an der Machtinszenierung als Publikumskulisse teil, mitunter griffen sie kräftig in die politischen Abläufe ein, immer agierten sie als Element des urbanen Alltags. Einige der Facetten des Lebens in dieser mittelalterlichen Metropole – Ernährung, Handel und Gewerbe, Gesundheitswesen, Unterhaltung, klösterliches Leben und die Sicht der Außenwelt – sollen etwas näher betrachtet werden.

Acht Jahre nach Amalrich konnten die Bewohner Konstantinopels abermals die Ankunft einer hochgestellten Person bestaunen. Die Straßen der Stadt waren verlassen, dichtes Gedränge herrschte hingegen auf den Seemauern, der Lärm der Menge übertönte das Rauschen der Wellen, das Meer war einer Wiese ähnlich gesprenkelt von den Farben der einlaufenden Schiffe. Derart blumig beschreibt ein Lobredner, Eustathios von Thessalonike (um 1110 – um 1195), das Eintreffen von Agnes, Tochter des französischen Königs und künftige Braut des Alexios II., Sohn von Manuel I., im Sommer 1179. Was für den Kaiser einen weiteren Schritt auf dem Weg bedeutete, das Reich stärker in die Gemeinschaft der westlichen Staaten (gegen die islamisch-seldschukische Bedrohung) einzubinden, bot dem einfachen Volk die Gelegenheit, auf Staatskosten an langen Tischen voll mit Speis und Trank die kommende Eheverbindung mitzufeiern.

Aus welchen Elementen, Schichten und Berufsgruppen setzte sich die Bevölkerung Konstantinopels zusammen? Zum gerade genannten „einfachen Volk" dürften gut drei Viertel der Einwohner gezählt haben, der Rest bestand aus gehobenen Gewerbetreibenden und Ausländern (die länger in der Hauptstadt weilten, zum Beispiel Kaufleute), Soldaten der großen Garnison, der Beamtenschaft, den Angehörigen zahlreicher Klöster und den Mitgliedern des kaiserlichen Hofes. Eine nähere Quantifizierung der einzelnen Gruppen wäre mangels statistischer Quellen nicht seriös. Soziale Unterschiede manifestierten sich vor allem im Einkommen, der Ernährung (und damit verbunden natürlich dem Gesundheitszustand), der Bekleidung, dem zur Verfügung stehenden Wohnraum und dem Grad der Bildung – beginnend schon bei der Frage, wer lesen und schreiben konnte. Wichtige Gewerbe und Berufe in Konstantinopel waren einerseits die, welche die lebensnotwendigen Bedürfnisse der Einwohner befriedigten. Dazu zählten Bäcker, Gemischtwarenhändler, Fischverkäufer, Metzger, Schneider und Lederverarbeiter, Angehörige des Baugewerbes, Töpfer und Schmiede, Gastwirte, Gemüseproduzenten und Seeleute. Ihnen standen Erzeuger und Anbieter von Luxuswaren gegenüber (Seide, Schmuck, Gewürze), die für die Attraktivität der Stadt als Handelsplatz von Bedeutung waren.

Kostenloses Brot hält die städtische Unterschicht bei Laune

Die Untertanen bei Laune zu halten war keine Besonderheit von Byzanz. Von jeher mussten Zentralstaaten auf die Befindlichkeiten der Einwohner insbesondere der Hauptstädte achten, damit nicht ein Aufruhr das herrschende System zu stürzen drohte; man vergleiche noch heutzutage Hungerrevolten in der sogenannten Dritten Welt, zum Beispiel in Haiti, wo im April 2008 wegen gestiegener Lebensmittelpreise in den größeren Städten zahlreiche Läden geplündert wurden. Deshalb gab es im alten Rom und ebenso auch im neuen, christlichen Rom am Bosporus zunächst kostenloses Verteilen von Brot an die städtische Unterschicht, die mit Bezugsmarken ausgestattet wurde. Das dafür notwendige Getreide schafften eigene Flotten aus Ägypten heran, die bis zu dreimal pro Jahr verkehrten. Zum einen unterstreicht das die Bedeutung des Seeverkehrs für den überregionalen Handel, zum anderen konkret die günstige Position von Konstantinopel an einer maritimen Nord-Süd-Fernroute, die sich am Ort mit einer Ost-West-Landverbindung kreuzt.

Wo Getreide gelagert und transportiert wurde, waren immer Ratten unerwünschte Begleiter, umso mehr, als im Jahr 542 über sie und Flöhe als Zwischenwirte die Pest aus Ägypten in die Kaiserstadt gelangte und fürchterliche Ernte unter den Einwohnern hielt. Bei 230 000 Toten habe man es aufgegeben zu zählen, überliefert der Historiker Prokop (eigentlich Flavius Procopius, um 500 – um 562). Wellenartig kehrte die Seuche bis etwa 750 immer wieder zurück und reduzierte gemeinsam mit Verlusten aus Kriegen die Bevölkerungszahl drastisch. Reichte sie vor 540 an eine halbe Million heran, ist 200 Jahre danach von maximal 80 000 Einwohnern auszugehen. Ironischerweise erleichterte dieser Schwund die Versorgung mit Nahrungsmitteln, vor allem, nachdem Ägypten 641 an die Araber, auf lange Zeit dann der Hauptgegner von Byzanz, gefallen war.

Das thrakische und kleinasiatische Hinterland produzierte ausreichende Mengen für den geschrumpften Bedarf Konstantinopels. An der europäischen Küste des Marmarameeres fungierte Rhaidestos (heute Tekirdağ) als Großmarkt für das Getreide, ehe dieses in die Hauptstadt verschifft wurde. Wein aus dem Bergland von Ganos (Gaziköy) 30 Kilometer weiter westlich gehörte auch zur Fracht der regionalen Zulieferer. Viehherden traten von Pylai am Golf von Nikomedeia die Überfahrt an. Ausgeladen wurden beispielsweise Schweine dann am konstantinopolitanischen Julians-Hafen. Von dort ging es steil bergan, bis die Kreuzung mit der *Mese* erreicht war. Sie war die zentrale, von Kolonnaden und Geschäften gesäumte Straße, welche die Stadt vom Mauerring im Westen bis zum Kaiserpalast im Ostteil durchquerte, sich dabei wiederholt zu großen Plätzen öffnete. Einer von ihnen, das Forum Tauri, wo der Viehmarkt lag, war für die Schweine Endstation und zugleich Schlachtplatz.

Die Gemischtwarenhändler, die *saldamarioi*, sollten Läden „überall in der Stadt in den Hauptstraßen und Gassen eröffnen", wie es das „Eparchenbuch", die Sammlung byzantinischer Gewerbeordnungen, vorschrieb. Ihr Auftrag war ja die Versorgung mit Gemischtwaren, wobei die Palette von Pökelfleisch und -fisch, Käse, Honig, Hülsenfrüchten und Butter bis hin zu Flachs, Gips, Fässern und Nägeln reichte. Ein wichtiger Einkaufsort nahe der Mese war auch das „Artotyriana"-Quartier. Der Begriff *artotyriana* setzt sich zusammen aus *artos* (= Brot) und *tyri* (= Käse) plus Endung, die auch eine Örtlichkeit anzeigen kann. Frei übersetzt bedeutet der Begriff also so viel wie „Brotkäseplatz". Dort wurden allerdings keineswegs exklusiv diese Waren verkauft, sondern es handelte sich um ein permanentes Marktquartier, zu dem auch einfache Imbissbuden gehörten.

Dieser Stempel aus Holz (12. Jahrhundert) wurde in Konstantinopel zur Kennzeichnung des Brotes genutzt.

Alle Menschen außerhalb der Stadtmauern gelten als „Exoten“

Seit etwa dem Jahr 850 ging der langsame Bevölkerungsaufschwung der Hauptstadt bis auf annähernd 200 000 Einwohner im 12. Jahrhundert mit einer territorialen Expansion einher, was weitere Anbauflächen erbrachte, deren Produkte auf nun wieder sicheren Routen die Konsumenten erreichten. Wider das überreiche Angebot in Konstantinopel gab es durchaus kritische Stimmen: „Fließen nicht alle

Die Theodosianische Mauer gehört zu den erfolgreichsten Befestigungsanlagen der Geschichte: Das Wallsystem, das anfangs aus einer Mauer und später aus drei Ringen bestand, wurde zur Zeit der Hunnenangriffe unter Theodosius II. errichtet. Es trug maßgeblich dazu bei, dass sich die Kaiserresidenz Konstantinopel und damit das gesamte Byzantinische Reich viele Jahrhunderte seiner Angreifer erwehren konnte.

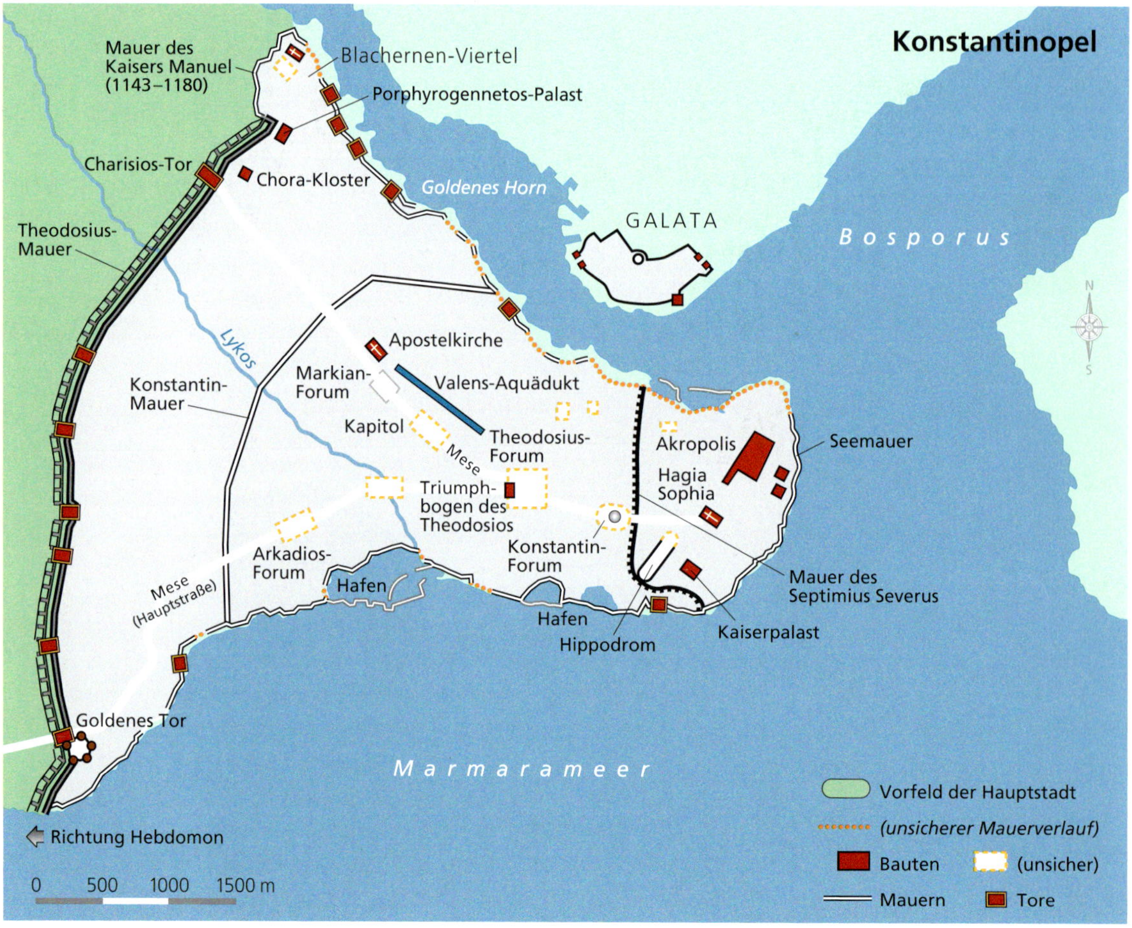

Die Cisterna Basilica (türkisch: Yerebatan Sarnıcı), rund 140 lang und 65 Meter breit, entstand zu Zeiten Kaiser Justinians zwischen 532 und 542 als Wasserspeicher für den Großen Palast. Darüber lag eine Basilika.

Ströme an Gütern in der kaiserlichen Stadt wie in einem Meer zusammen? Werden nicht die weizentragenden Ebenen von Makedonien, Thrakien und Thessalien für euch bebaut? Wird nicht Wein von Euböa, Chios und Rhodos für euch gekeltert? Weben nicht Finger zu Korinth und Theben für euch Kleider? Bürger Konstantinopels, ihr wollt eure Mauern nicht verlassen. Warum solltet ihr auch in die Fremde streben, wo ihr doch Waren von überall zu Hause genießen könnt." Wer hier Klage führte, wusste, wovon er sprach. Michael Choniates (um 1138 – um 1222) war von seiner Familie gleich seinem Bruder Niketas (um 1155 – 1215/16) aus der Provinz nach Konstantinopel geschickt worden, um Karriere zu machen. Während jener es bis zum Minister brachte, dazu als Historiker wirkte, stieg Michael im geistlichen Stand auf. Zum Erzbischof von Athen ernannt, musste er freilich die Metropole verlassen und ins damals ärmliche Landstädtchen umsiedeln. Er war fortan „draußen" (griechisch *exo*), weit von den schützenden Mauern der Weltstadt, vor allem abgeschnitten von ihrem reichhaltigen Angebot, sei es kulturell oder einfach von Gütern aller Art.

Tatsächlich war das Leben außerhalb der Metropole deutlich bescheidener. So klagte der Mönch Zonaras, auf einer Insel fern „der" Stadt, über den Mangel an Büchern – konkret dürfte er auf den Prinzeninseln etwa 20 Kilometer vor Konstantinopel gelebt haben. Unter „exotisch" verstanden seine Bewohner keineswegs wie wir den Reiz ferner Gegenden und Landschaften, sondern die Tristesse der Provinz, welche langsam, aber sicher in die unzivilisierte Welt der Barbaren jenseits der Reichsgrenzen überging: *Exotikoi* waren aus Sicht Konstantinopels die Lieferanten von Leinwand aus dem makedonischen Strymon-Tal, die Kaufleute des autonomen Venedig und ebenso die Seidenhändler aus dem arabischen Syrien. Wer irgendwo dort lebte, wurde von den Hauptstädtern geringschätzig, ja verächtlich behandelt.

Theodoros Balsamon, ein Rechtsgelehrter, urteilte 1195, Kenntnis der kaiserlichen Gesetze sei innerhalb des neuen Rom zu erwarten, Unwissen außerhalb, beim Landvolk eben, sei aber entschuldigt. Als Konstantinopel zu wenig Trinkwasser erreichte – üblicherweise floss es in drei Versorgungssträngen über Kanäle und Aquädukte bis zu 150 Kilometer weit in enorme Zisternen –, appellierte der uns schon bekannte Eustathios von Thessalonike an Manuel I., rasch Abhilfe zu schaffen. Kaiserliche Wohltaten der Provinz zu erweisen gehe nicht an, wenn dringender Bedarf in der Hauptstadt bestehe.

Der, positiv formuliert, Stolz der Konstantinopolitaner auf ihre Stadt, deren Sicht als „ideale Mitte und schönster Punkt des bewohnten Weltkreises, den unsere Oberherrschaft über die anderen Völker auserkoren hat“ (der Diplomat und Kunstmäzen Theodoros Metochites, um 1400), wurde durch den Zustrom von Besuchern aus allen Richtungen bestärkt. Der ebenso gebildete wie eingebildete Literat Ioannes Tzetzes (um 1110–1180) rühmte sich, die Fremden in sieben Sprachen begrüßen zu kommen, so auf Russisch, Hebräisch, Arabisch oder Italo-Latein: „Bene benesti, domine, unde es et dekouale provintzia benesti“ („Willkommen Herr, woher kommst du und aus welcher Provinz?“). Dürfen wir daraus auf eine kosmopolitische Offenheit der Bewohner gegenüber Fremden schließen?

Fremde sind der Spionage verdächtig und werden streng kontrolliert

Die Quellen belegen, dass auch damals Ausländer nicht gleich Ausländer war, man gewisse Gruppen daher vorsichtig-distanziert beäugte. Dies betraf etwa Diplomaten aus anderen Staaten, die nicht nur freundschaftliche Beziehungen bekräftigen wollten oder Bündnisse suchten, sondern mitunter auch Tribute einforderten (von den zur Kasse gebetenen Byzantinern mit dem Begriff „Jahresgelder“ beschönigt), jedenfalls darauf bedacht waren, möglichst viele Informationen zu sammeln und den Gastgeber vorsorglich auszuspähen. Als Sendboten der in Richtung Balkan vordringenden Awaren 557/58 erstmals in Konstantinopel einzogen, erregten sie öffentliches Aufsehen, weil sie das Haar hinten lang, zu Zöpfen geflochten und mit Bändern versehen trugen – struppig, schmutzig und ungebührlich, so berichtet der oströmische Historiker Agathias. Die militärischen Fähigkeiten der Awaren zwangen gleichwohl bald dazu, über diese Äußerlichkeiten hinwegzusehen. Insgesamt trachtete die kaiserliche Seite danach, die Gesandten zu isolieren, ihre Bewegungsfreiheit einzuschränken, was bis zum Verbot reichte, sprachkundigen Begleitern den Marktbesuch zu gestatten, welche sich ja dort hätten umhören können.

Weil die Byzantiner selbst gern Agenten als Kaufleute getarnt speziell zu den Arabern entsandten, nahmen sie an, dass die andere Seite entsprechend verfahren würde. Wer daher als ausländischer Händler die Kaiserstadt aufsuchte, musste in festgelegten Quartieren leben und dort seine Waren deponieren, stand durch befristete Verweildauer von meist drei Monaten zudem unter Druck, seine Geschäfte rasch abzuwickeln, was die Verhandlungsposition der einheimischen Käufer stärkte. Bei den ursprünglich skandinavischen Warägern, die gemeinsam mit den slawischen Rus von Kiew aus über den Dnjepr und das Schwarze Meer in Einbäumen (*monoxyla*) nach Konstantinopel gelangten, war es bisweilen unsicher, ob sie im 9./10. Jahrhundert des Handels wegen oder als Angreifer kamen. Sie durften daher Konstantinopel nur in kleinen unbewaffneten, zudem geführten (= kontrollierten) Gruppen betreten, jeder Ankömmling musste durch Eintrag in offizielle Listen erfasst sein. Immerhin stand ihnen der Besuch von Bädern offen, wenn sie darauf überhaupt Wert legten, wie die byzantinische Seite naserümpfend anmerkte.

Die reinigende Taufe, das Christentum insgesamt haben die Ost- und Südslawen bekanntlich durch

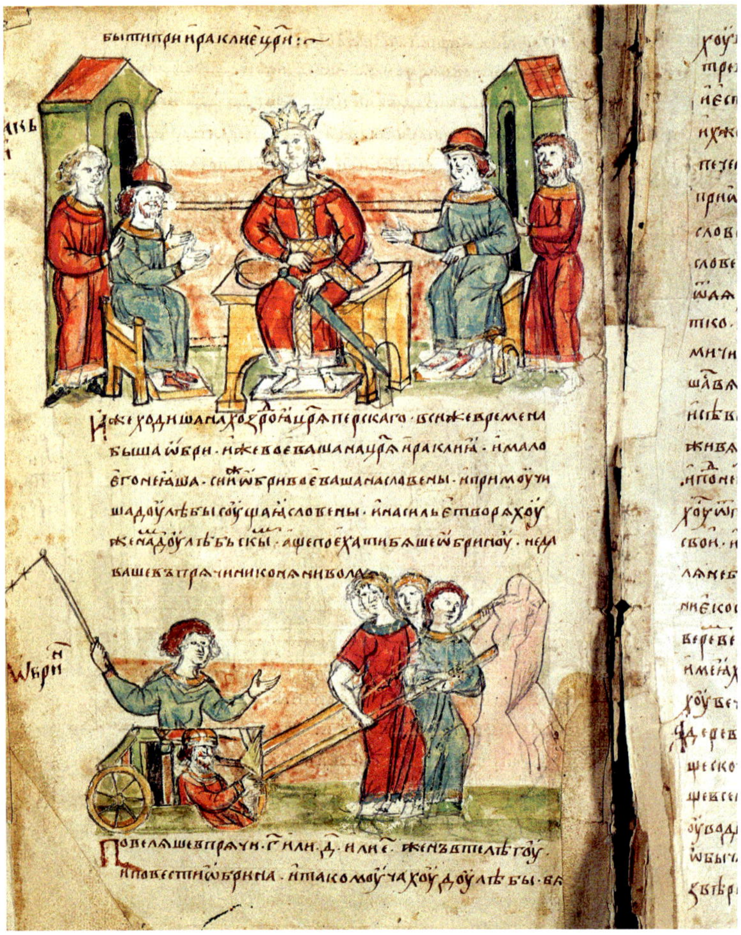

Konstantinopel war Treffpunkt für ein buntes Völkergemisch. Die Buchmalerei aus der ostslawischen Radziwil-Chronik zeigt (oben) Botschafter am Hof von Kaiser Herakleios (610–641).

byzantinische Missionierung empfangen. Es ist daher verständlich, wenn später Pilger aus jenen Gebieten aus Glaubensgründen nicht nur das Heilige Land aufgesucht haben, sondern auch Konstantinopel, das zudem ohnehin auf dem Weg lag. In diversen Reiseberichten ist dokumentiert, mit welcher Hingabe und Akribie die zahlreichen Klöster ebendort auf vorgegebenen Rundwegen durch die Stadt aufgesucht wurden, mit einem Besuch der Hagia Sophia als Höhepunkt. Den religiösen Tourismus eingeleitet haben freilich westliche Besucher, beginnend mit der Ordensfrau Egeria aus Spanien (um 384), über den heiligen Willibald (etwa 726), später erster Bischof von Eichstätt, bis hin zu Robert, Herzog der Normandie, 1034 samt Gefolge unterwegs. Beim Einzug in Konstantinopel habe er für die Pferde goldene Hufeisen anfertigen lassen, um zu zeigen, dass man dem byzantinischen Reichtum in seiner Heimat ebenbürtig sei. Dies berichten die „Gesta ducum Normannorum" und zeigen damit, wie sehr die Gäste von der Stadt beeindruckt waren.

Konstantinopel war aber dennoch für die abendländische Christenheit kein vorrangiges Pilgerziel, da es im neutestamentlichen Heilsgeschehen ohne Bedeutung war. Es rundete vielmehr gerade bei vermögenden Reisenden die Orient-Wallfahrt ab. Weltlich-politische Macht wertete eben auch die religiöse Stellung der Hauptstadt auf; das Konzil von Kalchedon (451) verkündete es programmatisch (Kanon 28): „Geehrt mit dem Kaisertum und dem Senat in ihren Mauern, ist sie gleichrangig dem alten Rom, möge auch kirchlich zweitgereiht nach jenem erhöht werden." Die wachsende Zahl an verehrungswürdigen Reliquien, gehortet in einer Vielzahl von Kirchen und Klöstern, war eine praktische Auswirkung dieser Konstellation und wurde zu einem Charakteristikum und Anziehungspunkt der Stadt.

Museales Bewahren war aber keineswegs eine primäre Funktion der Klöster, die Konstantinopel zweifellos prägten. Im städtischen Leben erfüllten die Klöster über ihre religiöse Rolle hinaus soziale und kulturelle Aufgaben. Fürsorge um den Bruder in Not, wie es das Matthäus-Evangelium forderte, gehörte zu den christlichen Prinzipien, welche dort verwirklicht wurden. Klöster speisten nicht nur die Armen, sondern sie gewährten den Alten, Witwen und Waisen, den bedürftigen Fremden auch Aufnahme und Betreuung.

Wie auch heute noch führte Armut, verbunden mit mangelhafter Ernährung, unzulänglichem Wohnen und fehlender Hygiene häufig zu Krankheiten. Die Erkrankten erhofften sich körperliche Heilung mit Hilfe der christlichen Heilslehre. In Kirchen liegend, warteten sie auf das nächtliche, traumartige Erscheinen der jeweiligen Heiligen, die spontane Gesundung bewirkt oder Anweisungen gegeben haben sollen, wie diese zu erlangen sei. Ärzteheilige wie Kosmas und Damian (eines ihrer Zentren lag unmittelbar vor den Landmauern der Stadt) verlangten von den Patienten kein Honorar, sie wirkten ohne Geld (*anargyros*), im bewussten Kontrast zu den üblichen Ärzten.

Öffentliche Hospitäler mit erstaunlich hohem Versorgungsstandard

Auf die Behandlung von Leistenbrüchen spezialisiert war der heilige Artemios (gest. um 394). Die Sammlung seiner angeblichen Wunder, zusammengestellt im 7. Jahrhundert, zeigt aber, dass bei ihm durchaus operative Eingriffe gemäß der weltlichen Schulmedizin stattfanden, freilich durchgeführt von ihm selbst, dem wahren Heiler in Christus, dem die weltlichen Mediziner bestenfalls als Gehilfen assistieren durften. Diese (noch) greifbare Frontstellung zwischen der heilenden Kraft des Glaubens und dem ärztlichen Wissen in der Tradition der heidnischen Antike wich in mittelbyzantinischer Zeit zunehmend der Kooperation.

Schauplatz dieser Zusammenarbeit waren die ersten öffentlichen Hospitäler überhaupt, welche im Byzantinischen Reich und insbesondere in Konstantinopel entstanden, staatlich gefördert im organisatorischen Rahmen von Klöstern. Die ideale Ausformung liegt im *xenon* des Pantokrator-Klosters vor, gegründet von Johannes II. Komnenos (1118–1143). Diese Krankenanstalt umfasste fünf Abteilungen mit insgesamt 60 Betten, mit jeweils vier Pflegern und zwei Stationsärzten. In der Rangordnung über ihnen gab es Ober- und Chefärzte, die täglich zwei Rundgänge durchzuführen hatten. Pharmazeuten zur Zubereitung der Arzneien, Gehilfen für Heilbäder, Wäschereipersonal, Köche sowie ein Instrumentenschleifer kamen hinzu. Für den Fall, dass die ärztliche Kunst endete, standen vier Totengräber bereit. Auf einen Patienten kamen zwei Pflegekräfte, was durchaus beeindruckend war. Im Gegensatz dazu standen die bloß zwölf für Frauen vorgesehenen Betten; eine dort tätige *iatraina* (Ärztin oder Hebamme) wurde schlechter bezahlt als die männlichen Kollegen.

Die Ärzteheiligen Kosmas und Damian des frühen 4. Jahrhunderts, aus Syrien stammende Zwillingsbrüder, wurden auch in Konstantinopel verehrt. In der Wandmalerei einer byzantinischen Kirche auf Zypern sind sie zusammen mit den Heiligen Eudokia und Marina (von links) abgebildet.

Im Vergleich zur Bevölkerungszahl – in jener Zeit an die 200 000 Menschen – war das Fassungsvermögen dieser Einrichtungen bescheiden, auch wenn es in der Stadt noch drei bis vier weitere Hospitäler gab. Hierin kommt auch zum Ausdruck, dass der Ruf jedweden Hospitals entschieden unter dem eines modernen Klinikums lag. Lediglich wer sich Hauskrankenpflege seitens privater Ärzte nicht leisten konnte, die unteren Sozialschichten also, gehörte zum potentiellen „Kundenkreis“ der *xenones*.

Ein satirisches Gedicht, abgefasst um 1170, in dem ein kleiner Mönch über die Behandlung durch die Oberen des Klosters und deren Privilegien klagt, illustriert ebendiesen Unterschied. Fühlte sich der Abt unwohl, was aus der Sicht des berichtenden Mönchs bei der Schlemmerei an seiner Tafel kein Wunder darstellte („Das Gargekochte kommt zuerst, die Flunder in der Brühe, als zweites der Meerhecht dann, die Eiersuppe als drittes ist süßsauer, Gebratenes als vierter Gang, der fünfte aus der Pfanne“), hatten die Ärzte herbeizueilen, „die nach dem Puls fühlen, auch inspizieren sie den Stuhl mit einer kleinen Lupe“. Erkrankte hingegen der einfache Klosterbruder, dann wurde er ins öffentliche Hospital geschickt. Und er sei sogar bereit gewesen, dorthin zu gehen, habe es ihm doch die Gelegenheit gegeben, dem Elend des Klosterlebens zumindest für einige Stunden zu entkommen. Wie es im Kloster zuging, beschrieb der Mönch so: „Die Kehle ist mir wund von all dem Singen, meine Knie schon krank vor lauter Bußbezeugung, die Zähne sind gebrochen von den Fastenspeisen, von Ostern bis zum nächsten Jahr seh’ ich kein Bad von innen.“

Wohlfahrt und Gesundheitswesen in Byzanz hatten mit Macht und Zugang zu finanziellen Mitteln zu tun. Im 14. Jahrhundert agierte der serbische Zar Stefan Uroš II. (1282 – 1321) diesbezüglich als großzügiger Spender in Konstantinopel: „Er suchte erfahrene Ärzte zusammen, gab ihnen viel Gold und was sie sonst benötigen, damit sie ständig die Kranken beaufsichtigen und heilen“, heißt es in der Biographie von Stefan II. Während es den spätbyzantinischen Kaisern zunehmend an den Mitteln fehlte, um die vom guten und gerechten Herrscher erwartete Wohltätigkeit und Fürsorge gegenüber den Untertanen sicherzustellen, unterstrich Stefan demonstrativ seinen Führungsanspruch in der balkanisch-orthodoxen Welt.

Zum von ihm geförderten Kral-Klosterkomplex gehörte neben der Krankenanstalt eine, modern gesagt, medizinische Hochschule, außerdem wurde Fachliteratur kopiert und wurden Sammelschriften für die wachsende Nachfrage im Italien der Frührenaissance erstellt. Im Detail zeigt sich hierin die Verflechtung von Byzanz mit dem westlichen Europa, welche nach langer Entfremdung seit dem 10. Jahrhundert langsam wieder eingesetzt hatte.

Kaufleute aus Italien entdecken die üppige östliche Warenwelt

Kaufleute aus Amalfi und Venedig entdeckten als Erste das östliche Angebot sowohl an Luxuswaren als auch an landwirtschaftlichen Produkten, weitere aus Genua und Pisa folgten mit den Kreuzzügen (seit 1095/1099). Seine anfänglich strikte Politik der Reglementierung – kostbare Stoffe waren bei der Ausfuhr mit Kontrollsiegeln zu versehen oder ihr Export war überhaupt untersagt – musste der byzantinische Staat lockern. Als Lohn für Unterstützung gegen die aus West (sizilianische Normannen) und Ost (Seldschuken) vordrängenden Feinde waren Handelsprivilegien und eigene Niederlassungen in Konstantinopel zu gewähren, genauer am Goldenen Horn. Im byzantinischen Verständnis wurde jener Meeresarm im Norden der Stadt als eine Art Hinterhof geringgeschätzt. Gewerben zugeteilt, die übelriechend waren oder Brandrisiko aufwiesen

(Gerber, Glasbläser), diente er als Stapelplatz und Werft. Seine Vorteile als großer und ruhiger Hafen wussten erst die italischen Neuankömmlinge richtig zu nutzen. So verlagerte sich der Schwerpunkt von Handel und Gewerbe während des 12. Jahrhunderts von der Mese dorthin.

Das bisherige, örtlich eng zusammenliegende Machtzentrum im Südosten der Halbinsel, gebildet aus Kaiserpalast, Hagia Sophia (Hauptkirche und Sitz des Patriarchen) und „Hippodrom" als weltlich-theatralischem Medium zwischen Herrschenden und Volk verlor schon in jener Zeit an Bedeutung. Denn auch die Kaiser verlegten ihre Residenz ins Blachernen-Viertel weit oben am Goldenen Horn. Gewiss richteten sie weiterhin die Zirkusspiele zu feststehenden Daten im Jahreslauf aus – ergänzt um Sondertermine bei militärischen Siegen, dynastischen Heiraten und Staatsbesuchen. Die Pferderennen, welche dem Bau ja seinen Namen gegeben hatten, waren die Hauptattraktion. In den Rennpausen wurden exotische Tiere präsentiert, oder Schauspieler führten Sketche auf, die sanfte Kritik an Missständen ins politische System einbanden. Blutige Gladiatorenkämpfe gehörten der antiken Vergangenheit an, die öffentliche Verbrennung von Häretikern oder Staatsfeinden nahm im Hippodrom manchmal demonstrativ-abschreckend ihre Stelle ein.

Aber auch der lenkende Kaiser konnte zum Opfer werden, wenn der Volkszorn losbrach. Im Jahr 1185 stürzte binnen zweier Tage das Terrorregime des 1183 als Reformer angetretenen Andronikos I. Komnenos. Der Kaiser versuchte zu flüchten, wurde ergriffen und der allgemeinen Wut preisgegeben. Während man ihn zur Schande auf einem Kamel sitzend durch die Straßen führte, hieb und stach das einfache Volk – Wursthändler, Krämer, Flickschuster und Schneider – mit Stöcken und Spießen auf den vormals umjubelten, dann gefürchteten Kaiser ein, riss ihm die Haare aus, drückte ihm Schwämme voll Urin ins Gesicht. Im Hippodrom angelangt, hängte man Andronikos an den Füßen auf und verstümmelte ihn.

1182, drei Jahre zuvor, hatte Andronikos im Kampf um die Macht bewusst den Mob wider die in der Stadt ansässigen Ausländer entfesselt, deren wirtschaftliche Dominanz als verantwortlich für die missliche Lage des Staates hingestellt wurde. Zu Tausenden fielen die „Lateiner" pogromartigen Hetzjagden zum Opfer. Zwei Jahrzehnte danach (1204) ereilte Konstantinopel die Vergeltung. Das um seine Handelsposition im instabilen Byzanz bangende Venedig lenkte den Vierten Kreuzzug dorthin ab, nach langen Monaten zwischen Verhandlungen und Angriffen fiel die Stadt. Was Flächenbrände in den Monaten zuvor überdauert hatte, fiel sodann einer tagelangen Plünderung zum Opfer.

Ihre Stellung als Umschlagplatz für Waren aller Art bewahrte die Stadt auch nach der Rückeroberung durch die Byzantiner. Der Schwarzmeerraum gewann sogar an Bedeutung als Lieferant von Getreide, Pelzen und auch Sklaven. Es waren aber die italischen Seerepubliken, welche nun das internationale Netzwerk kontrollierten. Genua besaß sogar am anderen Ufer des Goldenen Horns eine Kolonie in Pera (Galata); die byzantinischen Kaufleute und Reeder fungierten bloß als Zulieferer und allenfalls Juniorpartner. Die Venezianer verschifften nicht allein Wein (jetzt in Fässern statt Amphoren, was über die größere Füllmenge die Transportkosten senkte), sondern verkauften ihn zu Konstantinopel in mehr als 15 ihrer Tavernen preiswerter als die griechisch-byzantinische Konkurrenz, welche den vollen Steuersatz zu bezahlen hatte.

Der Galata-Turm ist eines der markanten Gebäude der ehemaligen genuesischen Kolonie Pera (Galata) am nördlichen Ufer des Goldenen Horns.

Versorgungsprobleme, Aberglaube, Unzucht: Zeiten des Niedergangs

Kaiser, deren Vorgänger einst Zehntausende Goldstücke je Provinz an Abgaben eingenommen hatten, mussten nun wiederholt mühsam um einen Kompromiss feilschen, wenn es um die Zahl steuerlich begünstigter Weinschenken ging. Zur ökonomischen Abhängigkeit von anderen Mächten kam die immer geringer werdende Bedeutung des Reiches auf der politischen Bühne, mit erkennbaren Auswirkungen auf den Alltag. Bereits die Meuterei einer angeworbenen Söldnertruppe von Katalanen, die wegen ausstehender Bezahlung plündernd durch Thrakien zog, anstatt gegen die Türken zu kämpfen, führte zu Schwierigkeiten in Konstantinopel. Die Versorgung verschlechterte sich. Es fehlte beispielsweise an Brennholz. Im Winter 1306/07 mussten kirchliche Suppenküchen helfen, die Not der Bevölkerung zu lindern. Als die Bürgerschaft 1348 das westliche Hafenmonopol brechen wollte, zu diesem Zweck erneut eine Flotte zu bauen gedachte, fehlte es zunächst an Bauholz – und das am Zentralhafen einer langjährigen Seemacht. Weil das Fachwissen zum Schiffbau inzwischen verlorengegangen war, misslang sogar die Konstruktion. Sobald die Schiffe im März 1349 gegen Pera ausliefen, brachte auffrischender Wind sie ohne jedwede Feindeinwirkung zum Kentern.

Es mochte ob der Fülle solcher Geschehnisse scheinen, dass Gott sich von Stadt und Reich abgewandt hatte, und mancher suchte für sich Beistand der anderen Art in Aberglauben und Zauberei. Schon 1338/39 hatte der Patriarch eine Sonderkommission gebildet, welche in allen Stadtvierteln ermitteln sollte, wer sich unter dem Deckmantel der Frömmigkeit an den Werken des Teufels erfreue. Es war freilich schwer, dieser Subkultur beizukommen, die sogar Anhänger im kirchlichen Stand hatte. Der Priestermönch Jakobos wurde im Mai 1370 wegen magischer Praktiken verurteilt und ging seines Priesteramtes verlustig; eine Kundin hatte ihn wegen eines unwirksamen Liebestrankes denunziert. Diverse Zeugen gaben schon 1337/38 zu Protokoll, eine gewisse Petraloiphina habe in Männerkleidern nächstens häufig die Zelle des Metropoliten von Philippoi im Protosynkellou-Kloster betreten. Das Hodegon-Kloster wiederum bleibt nicht nur wegen seiner Schreibstube und ihres Stiles in Erinnerung. Ananias, Priester und Neffe eines Metropoliten, wurde dortselbst 1362 beschuldigt, mit einer Prostituierten verkehrt zu haben, und er war nicht der Einzige. Während in der Kirche gesungen wurde, empfing der dortige Priestermönch Joasaph die Moschonou, „eine schlechte und fehlgeleitete Frau“, bei sich.

Die einst mächtige byzantinische Flotte war im 11. Jahrhundert im Niedergang begriffen. Dazu führte nicht zuletzt Geldmangel. In der Chronik des Johannes Skylitzes ist ein Hofbeamter zu sehen, der einen Dromone, das typische byzantinische Kriegsschiff, besteigt.

Unkeuschheit deckte nicht nur die Gerichtsbarkeit auf. Auf einer Säule auf dem Zeugma-Hügel stand eine Aphrodite-Statue. Näherte sich eine Frau und war sittlich untadelig, ging sie schadlos vorbei, andernfalls überkam sie eine dämonische Erscheinung, so heißt es. Indem sie vor allen die Kleider hob und die Scham zeigte, wurde ihre Verfehlung offenbar. Passend zur heidnischen Liebesgöttin soll schon Konstantin der Große in der Nähe ein Bordell errichtet haben, welches dann ein Adelspalais war, zum Frauenkloster umgewidmet wurde und seit Kaiser Theophilos (829–842) ein Hospital beherbergte. Lagemäßig entspricht es höchstwahrscheinlich dem Pantokrator-Kloster der Komnenen-Dynastie und seinem bereits behandelten *xenon*.

Als der arabische Reisende Ibn Battuta um 1350 Konstantinopel besuchte, erblickte er keine kompakte Großstadt mehr, sondern 13 urbane Bezirke innerhalb der Landmauern, dazwischen Felder und brachliegende Flächen. Das bevölkerungsmäßige Tief ähnelte dem vor 750, jetzt allerdings war es kein innerer Kraftakt, der die Wende brachte, sondern die osmanische Eroberung 1453 durch Sultan Mehmed II., welche Konstantinopel in der Folge erneut zum Zentrum eines euro-asiatischen Großreiches wachsen ließ.

Prof. Dr. Ewald Kislinger, geb. 1956, lehrt am Institut für Byzantinistik und Neogräzistik der Universität Wien.

Kirchen und Ikonen

„Leitkultur" des Mittelalters

Arne Effenberger

In der byzantinischen Kunst spiegelte sich eine Gesellschaft wider, die zutiefst vom christlichen Weltbild geprägt war. Über Jahrhunderte war sie der Maßstab für ganz Europa.

Die byzantinische Kunst umfasst, strenggenommen, die im Oströmischen Reich im Auftrag der Kaiser, der Kirche und der höfischen oder provinzialen Eliten entstandenen Werke und ebenso die künstlerischen Zeugnisse der privaten Alltagskultur. Insofern ist der zeitliche Rahmen mit der Gründung von Konstantinopel 324/330 durch Konstantin I. (306 337) und mit der osmanischen Eroberung der Hauptstadt 1453 sowie dem Untergang des byzantinischen Staats vorgegeben. Doch bereits im 3. Jahrhundert, dem Beginn der Spätantike, vollzogen sich im Imperium Romanum entscheidende Veränderungen, die letztlich auch den Transformationsprozess der spätrömischen in die byzantinische Kunst bewirkt haben. Christlich-allegorische und biblische Themen fanden seit etwa 200 Eingang in das künstlerische Schaffen, dessen Träger die sich etablierenden christlichen Gemeinden in Rom und den städtischen Zentren waren. Und ebenso lebte die „postbyzantinische" Kunst auch nach dem Ende des Byzantinischen Reichs fort: auf dem Balkan, in den Athos-Klöstern, auf den griechischen Inseln (Kreta) und vor allem in den von Byzanz geprägten Ländern Osteuropas. Halten wir an den Zeitgrenzen 324/330 und 1453 fest, so sind es immerhin mehr als elf Jahrhunderte, in denen die byzantinische Kunst mannigfaltigen Veränderungen unterworfen war.

Das Mosaik in der Kirche des Klosters Hosios Lukas in Griechenland stellt Christus als Pantokrator („Allherrscher") dar (11. Jahrhundert).

Die byzantinische Kunst ist Ausdruck einer Gesellschaft, deren Weltbild von der alle Lebensbereiche durchdringenden christlichen Religion bestimmt wurde. Für die Byzantiner war die bildende Kunst eines der Medien, um durch Anschauung und Kontemplation Einsicht in die als gültig angesehenen göttlichen Wahrheiten zu vermitteln und zu erlangen. Um die Eigenart der byzantinischen Kunst recht zu verstehen, muss man sich freilich von langgehegten Vorurteilen befreien. Eine vorwiegend auf den Westen orientierte Betrachtungsweise ließ das Römische Reich mit dem Sturz des letzten weströmischen Kaisers Romulus Augustulus (476) enden und feierte im Frankenkönig Karl dem Großen (Kaiser 800–814) die Wiederauferstehung des römischen Kaisertums. Dieses europazentrische Bild ist auch heute noch keineswegs überwunden. Hingegen verstanden sich die Byzantiner, die sich als *Rhomaioi*, Römer, bezeichneten, als die einzigen legitimen Erben des Imperium Romanum – die byzantinischen Kaiser waren stets davon überzeugt, die Herrschaft ihrer glorreichen, wenngleich heidnischen Vorläufer fortzusetzen. Bis zur ersten Auslöschung des Reichs infolge des Vierten Kreuzzugs 1204 war die byzantinische Kultur die mittelalterliche „Leitkultur“ in Europa. Sie übte starken Einfluss auf Karolinger, Ottonen, Normannen, Venedig und die Staufer aus und prägte maßgeblich die Kultur der Bulgaren, Serben und Russen. Mit seinen östlichen Nachbarn – zunächst den Persern, später den muslimischen Arabern und den Rum-Seldschuken (Sultanat in Anatolien) – stand Byzanz bei aller Feindschaft stets in einem regen Kulturaustausch, von dem beide Seiten profitiert haben.

Kaiser Theodosius I. (379–395) ließ diesen Obelisken, der im Karnak-Tempel in Luxor gestanden hatte, im Jahr 390 nach Konstantinopel bringen und im Hippodrom aufstellen. Mit seinem Sockel, auf dem kaiserliche Repräsentationsszenen abgebildet sind, gilt der Obelisk als wichtiges Zeugnis theodosianischer Kunstpolitik.

Die frühbyzantinische Epoche: Hochzeit des Kirchenbaus

Für die Entfaltung der byzantinischen Kunst waren drei Faktoren bestimmend: das von Konstantin I. begünstigte Christentum und dessen Erhebung zur Staatsreligion, die damit verbundene Etablierung einer Reichskirche sowie das Anwachsen der christlichen Bevölkerung in den Städten des Imperiums. Kaiser, Kirche, Angehörige der Eliten, christliche Gemeinden und Einzelpersonen traten fortan als Auftraggeber christlicher Kunstwerke in Erscheinung. Mit der von Konstantin 314 gestifteten Laterankirche entstand die christliche Basilika als eine Leitform des Kirchenbaus. Seit dem 5. Jahrhundert läßt sich im gesamten Reichsgebiet ein wahrer Kirchenbauboom mit deutlichen regionalen Unterschieden in den gewählten Bautypen beobachten, wobei Längs- und überkuppelter Zentralbau oft eine Verbindung eingingen. Besonders im Westen blühte eine üppige private Sarkophagproduktion mit vielfältigen christlichen Bildthemen. Sowohl im höfischen Zeremoniell als auch in der Kunst fand eine wechselseitige Angleichung von Kaiser- und Christus-Bild statt: Die byzantinischen Kaiser verstanden sich als allein von Gott bevollmächtigte Herrscher auf Erden.

Dieses ideologische Konzept hat die byzantinische Kunst maßgeblich geprägt. Die Apsiden – die im Grundriss meist halbkreisförmigen Raumteile, die an den kirchlichen Hauptraum anschließen – und die Hochwände der Basiliken wurden mit alt- und neutestamentlichen Darstellungen in Mosaik oder Wandmalerei ausgestattet. In den Apsiden wurde Christus in vielerlei Gestalt visionär vergegenwärtigt: als himmlischer Lehrer, als endzeitlicher Herrscher, als Verklärter, sowohl im Bild der Kreuzigung als auch symbolisch in der Gestalt des Kreuzes. Seit dem 5. Jahrhundert trat Maria gemäß ihrer überragenden Rolle als *Theotokos* (Gottesgebärerin) gleichberechtigt neben Christus auf. Die Dominanz christlicher Darstellungen bedeutete jedoch nicht, dass profane Themen zum Erliegen gekommen wären; sie sind nur überwiegend abhandengekommen.

Von zukunftsweisender Bedeutung war die Entscheidung Konstantins, die strategisch günstig gelegene Hafenstadt Byzantion zur neuen Kaiserresidenz zu erheben und ihr seinen Namen „Konstantinoupolis“, Stadt Konstantins, zu verleihen. Damit verlagerte sich das Schwergewicht des Reichs zunehmend in den griechisch geprägten und wirtschaftlich potenteren Osten, Rom als Hauptstadt des römischen Imperiums hatte ausgedient. Den Rang einer christlichen Reichsmetropole erlangte Konstantinopel erst unter Theodosius I. (379 – 395) und seiner Dynastie. Obwohl aus dem 4. und 5. Jahrhundert nur wenige Bau- und Kunstwerke der oströmischen Hauptstadt erhalten sind – der Theodosios-Obelisk im Hippodrom mit seinen programmatischen Reliefs und Inschriften an der Ober- und Unterbasis ist das einzige bildlich verzierte Staatsdenkmal, das die Zeitläufte überdauert hat –, wurde Konstantinopel bestimmend für die weitere Entfaltung der byzantinischen Kunst. Trotz der Reichsteilung von 395 bietet die Kunst in West- und Ostrom bis zur Mitte des 6. Jahrhunderts weitgehend ein einheitliches Bild.

Seine größte territoriale Ausdehnung erlangte das Byzantinische Reich unter Justinian I. (527–565) durch Rückeroberungen in Nordafrika und Italien. Sein umfangreiches außen-, innen- und kirchenpolitisches Restaurationswerk hatte weitreichende Folgen für die künftige Geschichte des byzantinischen Staats und seiner Kultur. Vor allem Konstantinopel profitierte vom Bauwillen des Kaisers und entwickelte sich in dieser Zeit mit annähernd 500 000 Bewohnern zur größten und reichsten Stadt der christlichen Welt. Unter den zahlreichen kirchlichen und profanen Bauten, die Justinian in der Kaiserstadt errichten oder erneuern ließ, steht an erster Stelle die Hagia Sophia (532 – 537). Sie ersetzte die beim Nika-Aufstand 532 niedergebrannte fünfschiffige Basilika aus der Zeit Theodosius' II. (408 – 450). Bis zur Errichtung des Petersdoms war die Hagia Sophia das größte Kirchengebäude der christlichen Ökumene. Die beiden Architekten Anthemios von Tralleis und Isidoros von Milet schufen hier aus der Verschmelzung von Längs- und Zentralbau sowie durch ein raffiniertes System statischer Lösungen ein Gebäude, das ganz auf die überwältigende Wirkung des Innenraums mit seiner dominierenden Kuppel ausgerichtet ist.

Nach der Einnahme von Ravenna (540) – seit 402 weströmische Kaiserresidenz und unter Theoderich (493 – 526) das Herrschaftszentrum der arianischen Ostgoten – entstanden hier weitere bedeutende und mit Mosaiken reich ausgestattete Kirchen wie San Vitale (537 – 547) und Sant'Apollinare im Hafenvorort Classe (549). Die Hagia Sophia war noch gänzlich bildlos, doch werden andere Kirchen der

In einer der Szenen auf dem Sockel des ägyptischen Obelisks in Konstantinopel ist der Kaiser mit seinem Hofstaat in einer Loge des Hippodroms zu sehen. Theodosius hält den Kranz zur Übergabe an den Sieger des Rennens in der Hand.

Hauptstadt ähnliche Mosaikausstattungen wie die ravennatischen Kirchen aufgewiesen haben. Eine Vorstellung von den verlorenen Bildern vermittelt zum Beispiel das Apsis-Mosaik in der Marienkirche des von Justinian bald nach 548 gegründeten Katharinenklosters am Sinai. Das Bild bietet die älteste erhaltene Darstellung der Verklärung Christi. Nach dem Bericht der drei sogenannten synoptischen Evangelien (Matthäus 17, 1 – 9; Markus 9, 2 – 13; Lukas 9, 28 – 36) hatte Jesus seine Jünger Petrus, Jakobus und Johannes auf einen Berg geführt, der später mit dem Berg Tabor (Galiläa) gleichgesetzt wurde. Vor ihren Augen verwandelte sich Jesus in eine Lichtgestalt, während Moses und Elias sich mit ihm besprachen. Als die Jünger die Stimme Gottes vernahmen, „Dies ist mein geliebter Sohn, an dem ich Wohlgefallen habe“, warfen sie sich vor Schreck auf ihr Angesicht nieder. Die Offenbarung der Gottessohnschaft Jesu, die nur diesen drei Jüngern zuteil wurde, sollten sie als Geheimnis bewahren. Christus steht als hell leuchtende Gestalt in einem blauen, farblich abgestuften Glorienschein (Mandorla). Die beiden alttestamentlichen Zeugen,

Elias links und Moses rechts von Christus, weisen in gefasster Haltung auf ihn hin. Von Christus ausgehende Lichtstrahlen verbinden ihn mit Elias, Moses und den Jüngern, deren heftige Bewegungen ihre tiefe Erschütterung ausdrückt.

Während noch Theologen wie der Kirchenschriftsteller Eusebios von Kaisareia (gest. 339/40) die Verehrung christlicher Bilder als Rückfall in heidnische Kultpraktiken strikt ablehnten, scheint zur Zeit Justinians der Durchbruch zu einem offiziell zugelassenen Bilderkult erfolgt zu sein. Die übersteigerte Selbstsakralisierung des Kaisers und die unverhohlene Gleichsetzung vom Bild des Kaisers mit dem Christi haben diesen Prozess gefördert. Die ältesten Ikonen stammen aus dem 6. Jahrhundert und sind zufällig im Sinai-Kloster erhalten geblieben. Ein Tafelbild mit der Darstellung Christi in Halbfigur reflektiert die sagenhaften, um die Mitte des 6. Jahrhunderts aufgekommenen *Acheiropoietoi*, die Christus-Bilder von Edessa und Kamulianai. Diese *Acheiropoietoi* waren angeblich nicht von Menschenhand gemacht. Sie erwiesen das längst geläufige Antlitz Christi mit schulterlangem Haar und Vollbart als authentisch und wurden in der Folge immer wieder kopiert (auf Ikonen und Kreuzen) und verehrt. Zeitgleich gewann das „heilige Antlitz", wie es in den Medaillonbildnissen von Propheten, Aposteln, Evangelisten und Heiligen am umlaufenden Rand der Apsis der Sinai-Kirche repräsentiert wird, immer mehr an Bedeutung. Die Ikonen ermöglichten es den Gläubigen, sich den dargestellten Personen zuzuwenden, von denen man sich bestimmte Segnungen wie besonderen Schutz oder Heilung von Krankheiten erhoffte.

Eine orthodoxe Ikone aus dem 6. Jahrhundert zeigt Christus als den allmächtigen Erlöser. Sie stammt aus dem Katharinenkloster am Sinai und gehört zu jenen Bildwerken, die angeblich nicht von Menschenhand geschaffen wurden. Typisch für die Darstellung Jesu sind das schulterlange Haar und der Vollbart.

Die „dunklen Jahrhunderte" und der Bilderstreit

Seit dem 7. Jahrhundert wurde das Byzantinische Reich durch die Expansion der Slawen, Bulgaren und Araber im Wesentlichen auf den griechischen Osten (Kleinasien, Ostthrakien, ägäische Inseln) sowie auf Rom und wenige Besitzungen in Unteritalien und Sizilien beschränkt. Seither umfasste es kaum mehr als ein Drittel des einst von Justinian beherrschten Territoriums. Historiker konstatieren für das 7. und 8. Jahrhundert eine auffallende Armut an schriftlichen Quellen, Kunsthistoriker eine dürftige Überlieferung an Kunstwerken: Denn durch die ständigen Barbaren-Invasionen waren ganze Landstriche als Produktionszentren für Kunst ausgefallen, zudem hatten die Zerstörungen und Plünderungen die Vernichtung zahlloser beweglicher Kunstwerke zur Folge. Dazu kam der sogenannte Bilderstreit (Ikonoklasmus): Im 8. und 9. Jahrhundert wurde in der orthodoxen Kirche und im byzantinischen Kaiserhaus ein heftiger Streit darüber ausgetragen, ob das „göttliche Wesen" überhaupt in Bildern wiedergegeben werden dürfe und diese – wenn ja – wie Ikonen zu verehren seien.

Doch anders als lange angenommen hatten die theologischen Auseinandersetzungen in den beiden Phasen des Bilderstreits (726 – 787 und 815 – 843) keineswegs eine um sich greifende Beseitigung von

Darf das „göttliche Wesen" überhaupt in von Menschen geschaffenen Bildern widergespiegelt werden? Darum drehte sich der sogenannte Bilderstreit im 8. und 9. Jahrhundert. Diese byzantinische Darstellung aus dem 15. Jahrhundert unterstreicht, dass bereits der heilige Lukas die Muttergottes gemalt haben soll.

Kunstwerken zur Folge. Wohl in der ersten Phase des Bilderstreits entstand eine Ikone im Sinai-Kloster mit einer Darstellung der Kreuzigung Christi. Sie stellt einen Endpunkt in den theologischen Diskussionen dar, die seit dem 5. Jahrhundert um die Frage nach dem Verhältnis zwischen der göttlichen und der menschlichen Natur Christi geführt worden waren. Der Gekreuzigte ist mit Dornenkrone – Zeichen seiner Passion – und mit geschlossenen Augen, somit als Toter, dargestellt, zugleich entströmt der Wunde unter seiner rechten Achsel ein Strahl aus Blut und Wasser. Diese Darstellungsweise will gemäß der orthodoxen Lehre zum Ausdruck bringen, dass Jesus zwar als Mensch gelitten hat und am Kreuz gestorben war, als Gott jedoch ewig unsterblich blieb.

Da die göttliche und die menschliche Natur in Christus unvermischt und ungetrennt enthalten sind – so hatte es das Konzil von Kalchedon 451 als Dogma formuliert –, bedeutete jede Darstellung Christi für die Bildergegner eine Beschränkung auf seine menschliche Erscheinung, da sich die göttliche Natur nicht im Abbild fassen lasse. Für die Bildergegner galt allein die Eucharistiefeier, in der der Opfertod Christi symbolisch nachvollzogen wurde, als das einzige wahre „Bild" Christi. In etlichen Kirchen wurde das vorhandene Apsisbild beseitigt und durch ein Kreuz ersetzt.

In der Zeit zwischen den beiden Phasen des Bilderstreits entstand ein neuer kirchlicher Bautypus: die Kreuzkuppelkirche. Abweichend von allen bislang benutzten Bauformen wie etwa der überkuppelten Basilika, ist bei der Kreuzkuppelkirche in die Grundform eines Quadrats ein gleichseitiges Kreuz eingeschrieben. Vier Säulen bilden das Kuppelquadrat, von dem kreuzförmig vier kurze, gewölbte Arme abzweigen. Dem östlichen ist der Altarraum (das *Bema*) mit der Apsis vorgelagert, wobei dieser Bereich – das Allerheiligste (*Thysiasterion*), das nur die Priester betreten durften – durch eine Schranke (das *Templon*) vom Kirchenraum (*Naos*) abgetrennt wird. Von den vier Eckräumen ist jedem der beiden östlichen ebenfalls eine kleine Kapelle mit eigener Apsis vorgelagert. Da die vier Säulen die ganze Last der Kuppel zu tragen hatten, beträgt deren Durchmesser in der Regel kaum mehr als fünf bis sechs Meter, weshalb Kreuzkuppelkirchen relativ klein sind und nur eine begrenzte Zahl von Gläubigen aufnehmen können.

Die Kreuzkuppelkirche avancierte fortan zum bevorzugten Kirchentypus der Klöster. Im 11. Jahrhundert traten weitere Bautypen wie die Achtstützenkirche und die sogenannte Umgangskirche hinzu, wobei der Achtstützenbau einen wesentlich größeren Kuppeldurchmesser erlaubte. An kirchlichen Großbauten wie den romanischen Domen des Westens bestand in Byzanz kein Bedarf, für die Hauptfeste reichten in Konstantinopel die Hagia Sophia und die justinianische Apostelkirche oder in Thessalonike die Demetrios-Kirche völlig aus.

Nach 843: Ikonen gebührt Verehrung, aber keine Anbetung

Seit dem Ende des Bilderstreits im Jahr 843 war die Verehrung der Ikonen nicht nur unbestrittener, sondern ausdrücklich vorgeschriebener Bestandteil der byzantinischen Religiosität und ein zentraler Gegenstand jedweder künstlerischen Tätigkeit. Als Ikonen galten außer gemalten Tafelbildern alle Darstellungen von heiligen Personen oder von alt- und

Für die Aufbewahrung von Reliquien wurden kostbare, mit Bildern verzierte Behältnisse geschaffen. Ein besonderes Beispiel dafür ist das auf der Brust zu tragende und aus mehreren Teilen bestehende Reliquiar von Pliska (9. Jahrhundert).

neutestamentlichen Ereignissen, ganz gleich, aus welchem Material die Bildträger bestanden. Doch den Bildern gebührte nur Verehrung, nicht aber Anbetung, die allein den Urbildern – Christus, Maria oder Heiligen – zukam. Zu ihnen allein sollte sich der Sinn der Gläubigen erheben, wenn sie vor den Bildern beteten, Kerzen aufstellten und Weihrauch anzündeten.

Einen besonderen Rang nahm die Reliquienverehrung ein, weshalb die Verbindung von Bildern und Reliquien in kostbaren Behältnissen allezeit große Bedeutung hatte. Etliche dieser Reliquiare bewahrten eine „Partikel", die als Teil des Kreuzes Christi galt, von dem seit etwa 630 drei Stück in Konstantinopel aufbewahrt wurden. Nur die Kaiser hatten das Recht, im Rahmen der ausgeklügelten byzantinischen Geschenkdiplomatie Partikel des Kreuzes, in kreuz- oder kapselförmige Staurotheken (Kreuzbehältnisse) eingeschlossen, an ausgesuchte Empfänger zu vergeben. Nicht lange nach dem Ende des Bilderstreits entstand das aus mehreren Teilen bestehende goldene Enkolpion („auf der Brust zu tragen"; eine kreuzförmige Kapsel mit Reliquien) von Pliska (im heutigen Bulgarien), dessen Darstellungen in Niellotechnik (Schwarzsilbereinlage) ausgeführt sind. Das aufklappbare Außenkreuz zeigt christologische Szenen (Vorderseite: Verkündigung, Geburt, Darstellung im Tempel, Taufe und Verklärung – Rückseite: Himmelfahrt und Auferstehung), das innere Behältnis für die Reliquie zeigt die Kreuzigung, Maria mit dem Kind und vier Heilige in Medaillons. Neuerungen sind die dem Kreuzigungsbild hinzugefügten Inschriften mit den Anempfehlungsworten gemäß Johannes 19, 26 – 27 („Siehe, dein Sohn" – „Siehe, deine Mutter") und bei Maria der Titel „Theotokos" (Gottesgebärerin). Darin drückt sich – wohl als Folge der theologischen Diskussionen während des Bilderstreits – ein gewandeltes Verständnis des Kreuzigungsgeschehens aus. Maria und der Lieblingsjünger Johannes stehen in einem besonderen Nahverhältnis zu Christus, beide werden von ihm zu Fürbittern für die gesamte Menschheit erhoben.

Bald nach dem Ende des Bilderstreits lebte auch die kirchliche Mosaikkunst wieder auf. So ließ Michael III. (842 – 867) die kaiserliche Palastkapelle der Theotokos beim Leuchtturm (Pharos) wohl im Typus einer Kreuzkuppelkirche neu errichten. Anlässlich ihrer Weihe (864) pries Patriarch Photios in einer Predigt die außerordentliche Pracht des Inneren, vor allem die kostbaren Marmorverkleidungen der Wände und die Mosaiken. Im Zenit der Kuppel befand sich ein Bild Christi, umgeben vom Chor der Engel. In der Apsis erschien Maria mit fürbittend ausgebreiteten Armen. In den Gewölbezonen waren Bilder der Apostel, Märtyrer, Propheten und Patriarchen des Alten Testaments angebracht.

Zwar ist die Pharos-Kirche nicht erhalten, doch gewinnen wir aus den Beschreibungen eine Vorstellung von dem komplexen Bildprogramm, das auf die räumlichen Gegebenheiten einer Kreuzkuppelkirche abgestimmt war. In seiner Predigt bringt Photios zum Ausdruck, dass die Gläubigen, um die ringsum angebrachten Bilder aufnehmen zu können, sich ständig drehen und wenden müssten, wodurch sie emotional und physisch in das Heilsgeschehen hineingezogen würden.

Auch die Hagia Sophia wurde jetzt nach und nach mit bildlichen Mosaiken ausgestattet. In der Apsis sieht man die thronende Maria mit dem Kind auf dem Schoß. Wie Photios in einer weiteren Predigt anlässlich der Einweihung des Mosaiks darlegte, sollten die Gläubigen durch Sehen und weniger durch Hören zur Erkenntnis der göttlichen Wahrheiten geführt werden: Die Aussagekraft des Bildes wurde jetzt über die des Wortes gestellt.

Mittelbyzantinische Epoche: Bewahrung der Tradition und schöpferischer Neubeginn

Die mittelbyzantinische Zeit wurde durch die beiden kulturellen Hochblüten unter den Dynastien der Makedonen- (867–1056) und Komnenenkaiser (1081–1185) geprägt. Mit der Usurpation der Kaiserherrschaft durch Basileios I. (867–886) begann der Aufstieg der makedonischen Dynastie, die Byzanz wieder den Rang einer Großmacht sicherte. Was die gelegentlich als „Makedonische Renaissance“ charakterisierte Epoche auszeichnet, ist die Tendenz zur Bewahrung der Tradition, die in der Kunst mit einer Wiederaufname und schöpferischen Weiterbildung klassisch-antiker Muster einherging. Die Anlehnung an frühbyzantinische Vorbilder (die es zweifellos noch in großer Zahl gegeben hat) können wir vor allem in der Buchmalerei beobachten. Ein Paradebeispiel für die gleichermaßen antiquarische wie schöpferische Haltung dieser Epoche ist der „Pariser Psalter“, den womöglich der gelehrte und selbst als Autor tätige Kaiser Konstantin VII. Porphyrogennetos (Alleinherrscher 945–959) in Auftrag gegeben hatte.

Aus der Serie von sieben ganzseitigen Bildern, die Episoden aus dem Leben des alttestamentlichen Königs David schildern und dem Psalmtext vorangestellt sind, schauen wir uns Blatt sieben etwas genauer an. Es zeigt David zwischen den Personifikationen von Sophia (Weisheit) und Prophetia (Vorausschau). Auf seiner Rechten hält er einen geöffneten Kodex mit der Aufschrift: „O Gott, dein Gericht gib dem König und deine Gerechtigkeit dem Königssohn“ (Psalm 71 [72], 1–2). Für diese vom Auftraggeber an den Empfänger des Kodexes – vielleicht Konstantins Sohn Romanos II. – gerichtete Botschaft bediente sich der Maler einer älteren Vorlage, indem er David im Habitus eines byzantinischen Kaisers des 6. Jahrhunderts zwischen antikisierenden Gewandfiguren darstellte. Dem Adressaten sollten neben Gerechtigkeit ebenso Weisheit und Voraussicht in seinem Handeln anempfohlen werden. David galt als Vorbild jedes gottgeleiteten Kaisers, „neuer David“ war neben „neuer Konstantin“ einer der Ehrentitel, die man verdienten Herrschern beigab.

Auch die Elfenbeinschnitzer schufen besonders im 10. Jahrhundert Werke von höchster Vollendung. An erster Stelle stehen hier Ikonen, die der privaten Verehrung dienten und als Luxusobjekte dem Kaiser und den gesellschaftlichen Eliten zuzurechnen sind. Die Mitteltafel eines Triptychons in Berlin, von dem ein Zweitstück mitsamt den Flügeln in der St. Petersburger Eremitage existiert, zeigt beispielsweise das Leiden der 40 Märtyrer von Sebaste. Die Soldaten der Legion XII Fulminata, die unter Kaiser Licinius (308–324) ihrem christlichen Glauben nicht abschwören wollten, wurden nackt auf einen zugefrorenen See geführt und so dem sicheren Tod ausgeliefert. Als besondere Perfidie stand am Ufer ein beheiztes Badehaus, doch nur einer der Gemarterten wurde abtrünnig und kletterte hinein (auf dem St. Petersburger Exemplar dargestellt). Durch Gottes Eingreifen – hier verbildlicht durch den in einer Glioriole am Himmel erscheinenden und von Engeln verehrten Christus – blieben die anderen am Leben und wur-

Seit etwa dem 10. Jahrhundert knüpfte die byzantinische Kunst erneut an klassisch-antike Vorbilder an. Für diese Zeit steht vor allem der „Pariser Psalter“ mit einer Serie von ganzseitigen Bildern aus dem Leben König Davids. Blatt sieben zeigt David zwischen den Personifikationen von Weisheit (Sophia) und Vorausschau (Prophetia).

Der Mittelteil eines Elfenbein-Triptychons aus dem 10. Jahrhundert erzählt die Geschichte der 40 Märtyrer von Sebaste. Diese römischen Soldaten wurden unter Kaiser Licinius (308–324) in Sebaste – die heutige Stadt Sivas in Anatolien – wegen ihres Bekenntnisses zum Christentum hingerichtet.

den daher mit dem Schwert hingerichtet. Was beide Reliefs als Meisterwerke auszeichnet, ist die Differenziertheit der Bewegungen, mit denen die körperlichen Qualen der in die Bildtiefe gestaffelten Figuren wiedergegeben sind, wobei die tatsächliche Reliefhöhe nur wenige Millimeter beträgt.

In Konstantinopel blieb aus mittelbyzantinischer Zeit keine einzige Kirchendekoration erhalten. Wir können dafür Beispiele aus anderen Teilen des Reichs heranziehen wie etwa die Hauptkirche (*Katholikon*) des Klosters Hosios Lukas in der Landschaft Phokis. Der Bau entstand in der ersten Hälfte des 11. Jahrhunderts und wurde wie seine Mosaiken von hauptstädtischen Künstlern ausgeführt. Aus dem reichen Bildprogramm ist besonders die Darstellung der Fußwaschung in der Vorhalle (*Narthex*) interessant, die an diesem Ort am Gründonnerstag als rituelle Handlung nachvollzogen wurde. Generell beruhten alle Darstellungen in den Kirchen auf theologischer Planung und lassen bewusst eingesetzte „Bildstrategien" erkennen. Hierarchisch angeordnete alttestamentliche und christologische Szenen sowie „Porträts" von Heiligen begleiteten visuell die gottesdienstlichen Akte. Aus der simultanen Wahrnehmung von Wortverkündigung, liturgischer Handlung und Bildgeschehen sollten die Gläubigen die Gewissheit des göttlichen Heilswirkens empfangen.

Seit Mitte des 11. Jahrhunderts häufen sich zudem Aussagen byzantinischer Autoren, die den Bildern Eigenschaften wie Lebendigkeit und Beseeltheit attestierten. Parallel dazu lassen sich in der Ikonen- und Wandmalerei sowohl eine Emotionalisierung und Dramatisierung der überkommenen Bildtypen als auch die Erfindung neuer Bilder feststellen, die eine verinnerlichte Beziehung zwischen Bild und Betrachter signalisieren. Eine Ikone in Berlin zeigt Christus zwar im Grundtypus des *Pantokrators* (Allherrscher), aber der in der Inschrift hinzugefügte Beiname *Eleemon* (Erbarmer) und vor allem gewisse Leidenszüge im Antlitz sollten ihn als zur Empathie mit den verehrenden Betrachtern fähig ausweisen.

Die auf die Hoffnung der Vollendung des Einzelnen und der gesamten Schöpfung ausgerichtete christliche Religion ließ das Bewusstsein der eigenen Sündhaftigkeit und die Sorge um das künftige Seelenheil zum wichtigsten Antrieb der privaten Frömmigkeit werden. Vor allem Maria wurde als ständige Fürbitterin bei Christus verehrt. Der Bildtypus der *Hodegetria* (benannt nach dem berühmten Gnadenbild im Konstantinopeler Kloster *ton Hodegon*, der Wegführer) zeigt sie mit dem Kind auf dem Arm und kündigt ihr Vorwissen um die künftige Passion und das Erlösungswerk ihres Sohnes an. Noch stärker kommt dies in einer Weiterentwicklung des Hodegetria-Typus zum Ausdruck: im Bild der *Theotokos Eleousa* (Erbarmerin), dessen bekanntestes Beispiel die im Kern byzantinische Ikone der Gottesmutter von Wladimir ist. Marias Erbarmen mit ihrem Kind, das sich bei ihr schutzsuchend anschmiegt, war besonders geeignet, die Erwartung der Gläubigen zu nähren, dass Maria auch für sie Mitleid empfinden und als Fürsprecherin bei Christus eintreten möge.

Das lateinische Interregnum: byzantinische Kunst im Exil

Seit dem 9. Jahrhundert war Venedig politisch eng mit Ostrom verbunden und in kultureller Hinsicht von Byzanz geprägt. Unter dem Dogen Domenico Contarini (1043 – 1071) wurde in programmatischer Anlehnung an die justinianische Apostelkirche der Neubau des Markus-Doms begonnen. Im späteren 12. Jahrhundert verschlechterten sich die Beziehungen zwischen beiden Mächten zusehends. Den Untergang der Kaiserstadt während des Vierten „Kreuzzugs“ 1204 hatte vor allem Venedig herbeigeführt. Unzählige Kunstwerke fielen der Plünderung und Zerstörung anheim oder wurden wie zahlreiche Reliquien in den Westen gebracht. Besonders die Venezianer haben sich an den Kunstschätzen von Konstantinopel bedient und vieles davon zum Schmuck der Markuskirche verwendet. Doch auch während der Lateinerherrschaft lebte die byzantinische Kunst im Exil fort: in den Kaiserreichen der Laskariden im Westen Kleinasiens mit der Hauptstadt Nikaia und der Großkomnenen von Trapezunt an der östlichen Südküste des Schwarzen Meeres, im Despotat von Epiros, in den von byzantinischer Kultur geprägten Königreichen der Bulgaren und Serben, nicht zuletzt im Gebiet der muslimischen Rum-Seldschuken, unter deren toleranter Herrschaft die christliche Kultur schon im 11. und 12. Jahrhundert unbehindert fortexistieren konnte.

Epoche der Palaiologenkaiser: europäische Malerei am Scheideweg

Mit der Rückeroberung Konstantinopels 1261 durch Michael VIII. Palaiologos (1259 – 1282) begann für die Kaiserstadt eine sich bis in das 14. Jahrhundert hinziehende Zeit des Wiederaufbaus und der Erneuerung zahlreicher Kirchen und Klöster, an der sich Mitglieder des Kaiserhauses und der führenden Familien beteiligt haben. Zwischen 1316 und 1321 restaurierte und erweiterte der bedeutende Staatsmann, Gelehrte und Dichter Theodoros Metochites (1270 – 1332) das in komnenischer Zeit erbaute und während der Lateinerherrschaft verfallene Kloster des *Christos tes Choras*. Der Kirche wurden im Westen eine innere und eine äußere Vorhalle (*Narthex*), an der Südseite eine überkuppelte Nebenkirche (*Parekklesion*) angefügt. Der Sakralraum (*Naos*) und beide Narthices wurden mit Gewölbe- bzw. Wandmosaiken ausgeschmückt, die Nebenkirche erhielt eine reiche Ausmalung. Der innere Narthex wird über den Eckjochen von jeweils einer Kuppel bekrönt. Im Bogen (Lünette) über der Tür kniet der Stifter Theodoros Metochites, bekleidet mit Kaftan und Turban, und überreicht Christus das Modell der Kirche. Unter der nördlichen Kuppel beginnt ein Zyklus von 19 Szenen aus der Kindheitsgeschichte und dem frühen Leben Marias, der bis zur südlichen Kuppel reicht. Die Bilderfolge verdeutlicht die Auserwähltheit Marias durch Gott und ihre besondere Rolle als „Gefäß der Inkarnation“.

Die meisten Szenen finden ihre Textgrundlage nicht im Neuen Testament, sondern im Protoevangelium des Jakobus (frühchristliche Schrift, Mitte des 2. Jahrhunderts), das sich als Lektüre stets großer Beliebtheit erfreute, obwohl es die Kirche niemals anerkannt hat. Ein weiterer Zyklus von 39 Szenen schildert überwiegend von Christus vollbrachte Wunder. Er beginnt am Nordende des *Exonarthex* (Vorhalle außerhalb des eigentlichen Kirchenbaus) und verläuft über den südlichen Eckraum und den Vorraum der Nebenkirche bis zur

Nach dem Ende der Lateinerherrschaft sorgten unter anderem Stifter dafür, dass Kirchen und Klöster erneuert wurden. Dazu zählte Theodoros Metochites, der das Kloster Christos tes Choras erweiterte. In einem Mosaik (Anfang des 14. Jahrhunderts) bietet Metochites Christus das Modell der Chora-Kirche dar.

Als Meisterwerk spätbyzantinischer Kunst gilt das Gemälde von Duccio di Buoninsegna der sogenannten Madonna Ruccelai (nach 1282). Schon bald darauf überwanden italienische Künstler diesen Stil und leiteten damit den Übergang zur Frührenaissance ein.

südlichen Kuppel mit dem Allherrscher (*Pantokrator*). An der Ostwand unter der Pantokratorkuppel kniet neben Maria der zweite Erbauer der Kirche, der Sebastokrator („Ehrwürdiger Regent"; byzantinischer Titel) Isaakios Komnenos (gest. um 1185), und neben Christus die Nonne Melanie. In der Lünette über der Tür in den *Esonarthex* – die Vorhalle innerhalb des Kirchenbaus – erscheint der Pantokrator mit der Beischrift „Jesus Christus die Wohnung der Lebenden".

Die Nebenkirche diente ihrer Bestimmung nach als Grabstätte des Stifters. Unter zwei Arkosolien (bogenförmig überspannte Grabnischen) mit reichverzierten Reliefbögen befanden sich einst die Gräber von Theodoros Metochites und von Michael Tornikes, eines Freundes des Kirchenstifters. Ein Großteil der Fresken ist den Themen der Erlösung und der Auferstehungshoffnung gewidmet. Die Apsis zeigte eine Wiederauferstehungsszene mit der Befreiung Adams und Evas aus ihren Gräbern. In der Flachkuppel über dem ersten Joch ist das Weltgericht dargestellt. Die zahlreichen Heiligen an den Wänden sollten beim künftigen Weltenrichter Christus als Fürsprecher für die Seelen der hier Ruhenden eintreten.

Besonders in den Fresken der Nebenkirche (*Parekklesion*) erreichte die spätbyzantinische Kunst ihren letzten Höhepunkt. Wir befinden uns hier an einem Scheideweg der europäischen Malerei. Während Duccio di Buoninsegna (um 1255 – 1319) bei seinem bald nach 1282 vollendeten Gemälde der sogenannten Madonna Ruccelai noch weitgehend byzantinischen Mustern folgte, hatte sein Zeitgenosse Giotto di Bondone (1266 – 1337) in seinen Bildern den griechischen Stil – die „maniera graeca" – bereits weitgehend überwunden und damit der italienischen Frührenaissance den Weg bereitet. Dieser Schritt in die „Moderne" blieb der byzantinischen Malerei versagt. Dabei sind doch gerade die zweite Hälfte des 14. und die erste Hälfte des 15. Jahrhunderts von der Unausweichlichkeit der gegenseitigen Wahrnehmung von Ost und West geprägt. Westliche Reisende besuchten Konstantinopel und betrachteten die Stadt – anders als die früheren Pilger, die meist nur die Reliquien interessierten – mit antiquarischem Interesse. Viele der gebildeten Byzantiner und vor allem diejenigen, die Latein konnten, hatten sich längst abendländischen Denkweisen geöffnet und waren zur Union mit der katholischen Kirche bereit. In letzter Konsequenz verließen etliche von ihnen Byzanz, und mit ihnen gelangten Handschriften und Kunstwerke vor allem nach Italien. Damit begann das lange Kapitel der Byzanz-Rezeption in Westeuropa.

Prof. Dr. Arne Effenberger, geb. 1942, war bis zu seiner Pensionierung 2007 Direktor der „Skulpturensammlung und Museum für Byzantinische Kunst", einer Spezialsammlung der Staatlichen Museen zu Berlin – Stiftung Preußischer Kulturbesitz. Seit 1996 verantwortete er zudem die Neukonzeption des Bode-Museums.

Kreuzfahrer erobern Konstantinopel

Die Pferde von San Marco

Michael Grünbart

Ein von Venedig finanziertes Kreuzfahrerheer eroberte 1204 Konstantinopel. Symbol dieses westlichen Triumphes über die langjährige östliche Vormacht wurden die „Pferde von San Marco" – ursprünglich ein Teil des berühmten Hippodroms. Die Pferdegruppe aus Bronze zierte fortan die Basilika San Marco in Venedig. Das nun in Konstantinopel errichtete „Lateinische Kaiserreich" brachte der Region keine dauerhafte Blüte. 1261 eroberten die Byzantiner die Stadt zurück.

1204 raubten die Kreuzfahrer bei der Plünderung Konstantinopels diese Bronzequadriga, die bis dahin das Starthaus des Hippodroms geziert hatte, und brachten sie nach Venedig.

Wer nach Venedig reist, wird als einen Fixpunkt des Besichtigungsprogramms den Dom von San Marco ansteuern. Diesen erreicht man entweder durch gewundene Gassen, die plötzlich in einem großen Platz enden, oder bequemer von der Seeseite her: Von weitem sieht man schon den Campanile, und beim Näherkommen wird man von zwei Säulen begrüßt, die den Markuslöwen und den heiligen Theodorus zeigen. Der Stadtheilige Theodorus wurde von Markus abgelöst, dessen Reliquien die Venezianer im Jahr 828 aus Alexandreia, dem Hinrichtungsort des Evangelisten, geraubt hatten.

Betrachtet man die Fassade der Markuskirche, fallen die mehr als 2500 eingesetzten Säulen aus unterschiedlichen Gesteinssorten auf, die dem Dom sein monumentales Aussehen bescheren. Gekrönt wird das Ganze durch vier vergoldete Bronzepferde auf der Galerie, die sich oberhalb des Hauptportals befinden. Wie kamen diese dorthin? Was wollten die Kirchengestalter damit ausdrücken?

Um die Geschichte der Pferde zu erzählen, muss man in die Spätantike zurückgehen. Zur Grundausstattung eines kaiserlichen Residenzortes zählte auch ein Hippodrom. Als Kaiser Konstantin Byzantion zu seiner Stadt wählte, ließ er eine solche Anlage in der Nähe seines Palastes errichten. Dafür waren aufgrund der Unebenheit des Geländes

Über dem Westportal des Markus-Doms wurde 1254 die Pferdegruppe angebracht – als Symbol für die Stärke und den Stolz Venedigs. In dem Gemälde „Prozession auf der Piazza San Marco" von Gentile Bellini aus dem Jahr 1496 sind die Bronzepferde in der Mitte über dem Portal gut zu erkennen.

Aufschüttungen vonnöten, um einen etwa 440 Meter langen ebenen Platz für die Pferderennen zu schaffen. Pferderennen zählten zu den beliebtesten Freizeitunterhaltungen der städtischen Bevölkerung. Die Geschichte der ehernen Pferde beginnt – nach einer Quelle aus dem 8./9. Jahrhundert – auf der Insel Chios, von der sie Kaiser Theodosius II. im 5. Jahrhundert abtransportieren ließ, um im Hippodrom das Starthaus der Pferdegespanne zu markieren.

Bis weit ins 12. Jahrhundert lassen sich Wettrennen in Konstantinopel belegen: Aus den zwölf Boxen starteten Quadrigen. Diese Vierergespanne fuhren die *spina* („Rückgrat") oder den *euripos*, („Meerenge") entlang, um im Süden der Anlage, der sogenannten *sphendone*, zu wenden und die Ziellinie vor der Kaiserloge zu überfahren. Der Schnellste bekam eine Geldsumme und eine Siegespalme überreicht.

Entlang der Spina waren wertvolle Gegenstände plaziert, die mit der griechischen und römischen Geschichte verbunden waren (zum Beispiel aus Delphi die eherne Schlangensäule, der Herakles des Lysippos oder eine bronzene Wölfin mit Romulus und Remus). Zwei Obelisken, der eine aufgemauert und später mit vergoldeten Bronzeplatten verkleidet, der zweite aus Karnak in Ägypten herangeschafft, imitierten den Circus Maximus in Rom. Das Aufstellen des ägyptischen Obelisken, der ursprünglich den Pharao Thutmosis III. (1490 – 1436 v. Chr.) ehrte, ist auf dessen Sockel dargestellt und mit einer zweisprachigen Inschrift, auf Griechisch und Lateinisch, versehen.

Die Größe der Anlage kann gut erfasst werden, da diese Fläche südwestlich der Hagia Sophia auch in osmanischer Zeit nicht bebaut wurde, sondern weiter als Platz genutzt wurde (heute: Sultan-Ahmed-Platz, *At Meydanı*). Von den Tribünen entlang der Bahn, die etwa 40 000 Zuschauern Raum boten, hat sich – abgesehen von Marmorplatten im Hof der Blauen Moschee (Sultan-Ahmed-Moschee) und bei Umbauarbeiten zutage getretenen und wiederaufgestellten Resten – nichts erhalten.

Die ehernen Pferde hatten gut 800 Jahre in luftiger Höhe das Starthaus der Pferdegespanne geziert, ehe sie im Gefolge des Vierten Kreuzzuges von den siegreichen Kreuzfahrern abmontiert und dann nach Venedig verschifft wurden.

Dort wurden sie 1254 auf dem Balkon oberhalb des Portals des Doms installiert. Möglicherweise stehen sie für die vier Evangelisten, die den Herrn triumphal durch die Welt führen. Rund 750 Jahre später ließ Napoleon die Gruppe 1798 nach Paris transferieren. Dort schmückten sie bis 1815 den Arc de Triomphe du Carrousel, nach der Schlacht von Waterloo wurden sie aber auf österreichischen Wunsch wieder in die Lagunenstadt zurückgebracht. Im Jahr 1983 wurden die Originale durch Kopien ersetzt, da die Verschlechterung der Luftqualität in Venedig zu argen Korrosionsschäden führte, und in der Basilika aufgestellt. Mit den Pferden von San Marco verbindet sich bis heute die Erinnerung an die dramatische Eroberung Konstantinopels durch die Kreuzfahrer.

Die sagenhaft reiche Stadt weckt Begehrlichkeiten

Der Vierte Kreuzzug stellt für die Geschichte des byzantinischen Kaisertums ein besonders einschneidendes Ereignis dar, da einerseits die Stadt zum ersten Mal seit ihrer Einweihung im Jahr 330 von einer auswärtigen Macht eingenommen wurde und andererseits der Kaiser in der Folge von seinem Exilort aus die römische bzw. byzantinische Kaiseridee mit Leben erfüllen musste.

Zur Vorgeschichte: Papst Innozenz III. (1198–1216) hatte 1198 vergeblich dazu aufgerufen, die heiligen Stätten wieder zu befreien, nachdem Sultan Saladin 1187 Jerusalem eingenommen und die christliche Herrschaft dort beendet hatte. Im folgenden Jahr entschloss man sich dennoch, motiviert durch einen Appell des französischen Kreuzfahrerpredigers Fulko von Neuilly, sich erneut nach Osten aufzumachen. 1201 übernahm Bonifaz, Markgraf von Montferrat, die Planung dieses Großunternehmens. Dieses sollte über den Seeweg von Venedig aus zunächst nach Ägypten führen. Dort wollte man eine Operationsbasis einrichten und dann ins Heilige Land ziehen.

Dieses Vorhaben schien günstig, da nach dem Tod Saladins (1193) innerhalb der in Ägypten herrschenden Aijubiden-Dynastie Nachfolgestreitigkeiten entbrannten. Die Venezianer unter ihrem Dogen Enrico Dandolo (1192–1205) finanzierten die zu bauenden Schiffe vor und handelten aus, dass sie im Gegenzug die Hälfte der eroberten Gebiete sowie 85 000 Silbermark erhalten sollten. Der Beginn der Expedition stand unter keinem guten Stern, da sich weniger zu befördernde Soldaten in die Häfen der Markusrepublik begaben als veranschlagt. Der drohende Kapitalverlust musste rasch abgewendet werden, und die im Oktober 1202 gestartete Flotte belagerte zunächst die Stadt Zara (Zadar im heutigen Kroatien), die nach zwei Wochen eingenommen werden konnte und bis 1358 venezianisch blieb. Der Protest seitens der päpstlichen Kurie war heftig, da man eine christliche Stadt überfallen und geplündert hatte.

Bonifaz von Montferrat erreichte erst nach diesem Vorfall die Kreuzfahrerverbände, und wenig später tauchte der im Westen um Unterstützung ersuchende Alexios Angelos, Sohn des 1195 geblendeten und inhaftierten byzantinischen Kaisers Isaak II. Angelos (1185–1195), auf. Alexios konnte die Kreuzfahrer dafür gewinnen, ihn bei der gewaltsamen Erringung des Kaiserthrones in Konstantinopel zu unterstützen. Im Gegenzug versprach er den westlichen Herren finanzielle und logistische Hilfe auf ihrem Weg Richtung Osten.

Dieser reichverzierte Pokal stammte ebenfalls aus der Metropole des Byzantinischen Reichs und gelangte 1204 als Beutestück in venezianischen Besitz.

Eine Ikone aus dem 10. Jahrhundert stellt den Erzengel Michael dar. Sie gehörte zu den zahlreichen Kunstwerken, die von den Kreuzfahrern in Konstantinopel erbeutet wurden.

Inwieweit die Kreuzfahrer zu diesem Zeitpunkt ohnehin schon Konstantinopel als Ziel ins Auge gefasst hatten, lässt sich nicht mit letzter Bestimmtheit sagen. Jedenfalls gab es starke Stimmen, die eine Eroberung dieser immer noch als sagenhaft reich geltenden Stadt forderten. Bekannt war auch, dass nach dem Tod Kaiser Manuels I. das Byzantinische Reich Krisenzeiten durchlebte und seine Autorität – auch in Zusammenhang mit dem Dritten Kreuzzug unter Friedrich Barbarossa (1189 – 1192) – ziemlich geschwunden war.

Im Juni 1203 erreichten die westlichen Schiffe das Zentrum des oströmischen Kaisertums und setzten sich in den Konstantinopel gegenüberliegenden Städten Kalchedon und Chrysopolis fest. Mit Hilfe der Kreuzfahrer konnte Alexios Angelos den amtierenden Kaiser Alexios III. Angelos (1195 – 1203) in die Flucht schlagen. Zusammen mit seinem freigelassenen Vater Isaak II. übernahm er als Alexios IV. die Regierungsgeschäfte.

Allerdings merkte der neue Machthaber rasch, dass die versprochenen Zahlungen an die Lateiner nicht geleistet werden konnten, da die Edelmetallressourcen der Hauptstadt weitgehend aufgebraucht waren. Auch die Einschmelzung von kirchlichen Schätzen reichte nicht aus, um die Forderungen zu bedienen. Alexios IV. erbat einen sechsmonatigen Zahlungsaufschub, doch wurde er nach dem Tod seines Vaters Isaak II. im Januar 1204 von einem weiteren Konkurrenten um die Macht, dem Usurpator Alexios Dukas Murtzuphlos, abgesetzt, inhaftiert und stranguliert. Der neue Kaiser Alexios V. hielt sich nicht an die Verträge mit den Lateinern und entschied, die Stadtmauern zu verstärken und die Kreuzfahrer mit Waffengewalt zu einem Abzug zu bewegen.

„So viele Reliquien, dass ich sie nicht aufzählen kann"

Wie sich zeigen sollte, hatte sich Kaiser Alexios V. allerdings verkalkuliert, denn im April 1204 segelten venezianische Schiffe nach Überwindung der Hafenkette in das Goldene Horn und fuhren unter Führung des greisen Dogen Enrico Dandolo an die niedrigeren Seemauern heran. Mit Hilfe der hohen Schiffsbäume konnten sie über die Mauern klettern und in die Stadt eindringen, wo sie rasch die Kontrolle erlangten (12./13. April 1204). Kaiser Alexios V. floh.

Eine Plünderung sondergleichen setzte ein: Was nicht schon vorher weggeschafft oder durch die großen Stadtbrände in den vorangegangenen Monaten zerstört worden war, wurde unter den Rittern aufgeteilt. Verschont wurden lediglich die kaiserlichen Paläste (der Große Palast und der Blachernen-Palast), die unter dem Schutz Bonifaz' standen. Zwei Augenzeugen, Gottfried I. von Villehardouin und Robert von Clari, berichten über diese Vorfälle ausführlich aus dem Blickwinkel der Sieger.

Einen besonderen Anziehungspunkt bzw. Objekte der Begierde bildeten für die Plünderer die byzantinischen Reliquien. Diese stellten gleichsam eine Basis der Verständigung zwischen dem östlichen und dem westlichen Christentum dar. Besonders in der Palastkapelle, die in der Nähe des Leuchtturms stand und der Muttergottes geweiht war (*Theotokos tu Pharu*), befand sich eine der bedeutendsten Sammlungen von heiligen Resten.

Robert von Clari, der den einfachen Kreuzfahrer repräsentiert, gehen bei der Beschreibung des

Vorgefundenen die Augen über. Die Chroniken des Vierten Kreuzzugs zitieren ihn so: „In der Kapelle befinden sich viele wertvolle Reliquien. Man findet da zwei Stücke von dem Wahren Kreuz, so dick wie der Schenkel eines Menschen und so lang wie ein halber Klafter. Auch findet man da die eiserne Lanzenspitze, mit der Unserem Herrn die Seite durchbohrt wurde, und die zwei Nägel, die mitten durch seine Füße getrieben wurden. Und man findet darin eine Phiole aus Kristall mit einem großen Teil seines Blutes. Auch findet man den Rock, den er trug und den man ihm wegnahm, als er zum Kalvarienberg geführt wurde. Und man findet da die heilige Krone, mit der er gekrönt wurde, die aus Binsen so scharf wie eiserne Ahlen gemacht war. Auch findet man da das Gewand unseres heiligen Herrn Johannes des Täufers sowie so viele andere wertvolle Reliquien, dass ich sie nicht aufzählen noch die Wahrheit berichten kann."

Der Eindruck, den dieser Bau bei westlichen Mächtigen hinterließ, muss groß gewesen sein, denn die Heilige Kapelle/Palastkapelle wird auch im westlichen Europa bald zum festen Bestandteil herrscherlicher Repräsentationsbauten. Der französische König Ludwig IX. (der Heilige) ließ beispielsweise zwischen 1244 und 1248 eine eigene, der Muttergottes geweihte Kapelle errichten, in der Reliquien von der Passion Christi deponiert werden sollten (die Dornenkrone von Christus, die Heilige Lanzenspitze des Longinus und Partikel des „Wahren Kreuzes"). Die Anleihen, die damit beim byzantinischen Hof gemacht wurden, sind unübersehbar.

Die zeitgenössischen byzantinischen Quellen ergänzen die Angaben zum Reliquienreichtum dieser Kapelle. Es mag nicht überraschen, dass einige der dort aufbewahrten Reliquien, auch Heiltümer genannt, in den Westen kamen und sich dort heute noch nachweisen lassen. Exemplarisch sei auf Konrad von Krosigk, Bischof von Halberstadt (1201–1209), hingewiesen, der mit den Kreuzfahrern nach Konstantinopel kam und 1205 triumphal nach Halberstadt zurückkehrte. Mitgebracht hatte er ein Füllhorn an Reliquien (mehr als 50 Stücke), die in einer öffentlichen Prozession feierlich zur Kirche des heiligen Stephanus gebracht und ausgestellt wurden. Unter den Heiltümern fanden sich Blut Christi, Teile der Dornenkrone, Reste vom Grab Christi, Haare der Jungfrau Maria sowie ein Finger des heiligen Ni-

Gefahr im Verzug: In einer französische Buchmalerei von 1490 wird die Ankunft des Kreuzfahrerheeres auf den von Venedig finanzierten Schiffen vor der byzantinischen Hauptstadt dargestellt.

Die Architektur des Markus-Doms, der von 1063 bis 1094 errichtet wurde, orientiert sich an byzantinischen Vorbildern. Die insgesamt fünf Kuppeln sind reich mit Mosaiken ausgestaltet.

kolaus. Dieser Reliquienübertragung („Translation") wurde fortan jährlich am 16. August gedacht.

Der sprunghafte Anstieg des Auftretens von Reliquien, unter denen sich auch Fälschungen befanden, in der Folge des Kreuzzuges führte dazu, dass in Rom eigens ein Konzil einberufen wurde (viertes Laterankonzil, 1215). Nachdem klargestellt worden war, dass Rom nach wie vor den Vorrang vor den östlichen Patriarchaten hatte, wurden Regelungen für den Gottesdienst und für den Umgang mit Reliquien ausgegeben. Es heißt in den Akten: „Aufgrund der Tatsache, dass manche Leute Heiligenreliquien zum Kauf anbieten und sie überall zeigen, wird die christliche Religion oft verunglimpft. Damit so etwas künftig unterbleibe, bestimmen wir durch das vorliegende Dekret: Reliquien aus alter Zeit dürfen von nun an außerhalb eines Reliquiars weder gezeigt noch zum Kauf angeboten werden. Neu aufgefundene darf niemand öffentlich verehren, wenn sie nicht zuvor durch die Autorität des römischen Bischofs anerkannt worden sind." Man versuchte also, des massenhaften Auftretens spiritueller Gegenstände Herr zu werden und den Handel damit einzudämmen.

Doch war die Stadt Konstantinopel nicht nur wegen ihres Reliquienreichtums bekannt, die Stadt verfügte immer noch über öffentliche Bauten und Anlagen sowie aristokratische Paläste, in denen kostbare Gegenstände zu finden waren. Niketas Choniates, Historiograph (um 1155–1217), hielt in seinem Geschichtswerk Eindrücke der byzantinischen Seite fest. Er schildert plastisch die Brutalität der Eroberer und das Schicksal der Unterlegenen: „An dem Tag, an dem die Stadt fiel, drangen die Plünderer in alle Hauser ein, raubten, was sie vorfanden, und bedrängten die Besitzer, ihnen das Versteckte anzugeben, indem sie einige schlugen, vielen auch schöntaten, alle aber bedrohten ... In dichtgedrängten Gruppen zogen nun die Einwohner der Stadt aus, in Lumpen gehüllt, von Hunger entkräftet, mit bleichen, totengleich verfallenen Gesichtern und blutgeröteten Augen, denn sie weinten mehr Blut als Tränen."

Die Lateiner gingen auch nicht gerade zimperlich mit Kunstwerken um. Niketas berichtet beispielsweise in einem kleinen Traktat über die im Hippodrom aufgestellten Bildwerke. Diese seien zum Großteil eingeschmolzen und in Münzen umgewandelt worden. So wanderten eine Herakles-Statue des Lysippos, von dem angeblich auch die vier Pferde geschaffen wurden, eine Wölfin mit Romulus und Remus, ein Adler, der mit seinen Schwingen als Sonnenuhr fungierte, und etliche andere Statuen in den Schmelzofen. Einzig die Schlangensäule, die möglicherweise den Teil eines Dreifußes mit aufgesetzter goldener Schale darstellt, hat sich in Resten vor Ort erhalten. Ein nicht kleiner Teil von Kunstgegenständen wie Pokale mit emaillierten Bildern oder Gefäße aus Bergkristall gelangte unbeschadet in den Westen, seltene und wertvolle Schriften entdeckt man etwa noch im Schatz der Basilika San Marco in Venedig.

Die Lateiner organisieren ihr Imperium nach feudalen Prinzipien

Wie ging es nach der Einnahme durch die Kreuzfahrer in der ehemaligen Hauptstadt des Byzantinischen Reichs weiter? Schon im März 1204 hatten die Venezianer und die Kreuzfahrer vereinbart, die byzantinischen Reichsgebiete aufzuteilen. Die sogenannte *partitio terrarum imperii Romaniae* („Teilung der Länder des Römischen Reiches") hielt fest, dass alles an Beute (bis zur Bezahlung aller Schulden) zunächst zu drei Vierteln an die Venezianer und zu einem Viertel an die Kreuzfahrer fallen und darüber hinaus in einem gleichen Verhältnis untereinander aufgeteilt werden sollte. Unter „Romania" verstand man die Regionen, in denen sich Griechisch sprechende, das heißt byzantinische Bevölkerung aufhielt. Dazu kam der Beschluss, einen lateinischen Kaiser durch ein Wahlverfahren, an dem sechs venezianische Vertreter und sechs Kreuzfahrer teilnehmen sollten, zu bestimmen. Dem lateinischen Kaiser wurde ein Viertel von Konstantinopel und des Reiches zugewiesen, der Rest auf Venezianer und Kreuzfahrer aufgeteilt.

Diese Vorgabe wurde gleich nach der Einnahme der Stadt umgesetzt, und man kürte Balduin IX. von Flandern zum Kaiser: Er hieß nun Balduin I. von Konstantinopel und wurde am 16. Mai 1204 feierlich gekrönt. Bonifaz von Montferrat, dem eigentlich dieses Amt zugestanden hätte, wurde die Herrschaft über Thessalonike versprochen, wo er von Herbst 1204 an als König residierte.

Dieses byzantinische Reliquiar nahm ein deutscher Kreuzfahrer 1204 aus Konstantinopel mit. Es diente zur Aufbewahrung von Partikeln des „Wahren Kreuzes“.

Das Lateinische Kaiserreich wurde nach westlichen Vorstellungen territorial organisiert. Es umfasste Teile Konstantinopels, Thrakien sowie die Küstenregionen am Marmarameer, einige Regionen Westkleinasiens sowie die Inseln der Ägäis. Das auf der Insel Naxos von den Lateinern etablierte Herzogtum hatte von 1207 bis 1556 Bestand. In Südgriechenland bildeten sich rasch Fürstentümer und Grafschaften. Mit den lokalen Großgrundbesitzern

Am 16. Mai 1204 wurde Balduin von Flandern, einer der Anführer des Kreuzfahrerheeres, vom venezianischen Dogen Enrico Dandolo als Balduin I. zum Kaiser von Byzanz gekrönt. Das Gemälde von Antonio Vassilacchi (1556–1629) hält diese Zeremonie, mit der das Lateinische Kaiserreich begründet wurde, fest. 1205 geriet Balduin im Kampf gegen die Bulgaren in Gefangenschaft, in der er 1206 starb.

Das Lateinische Kaiserreich wurde nach feudalen Prinzipien organisiert. Der Kaiser vergab Lehen an Adlige. Die Festung Mystras (Blick auf die Ruine), nicht weit vom antiken Sparta entfernt, unterstand Gottfried I. von Villehardouin.

und Magnaten setzte man sich in vielen Fällen in ein tragfähiges Einvernehmen.

Die Organisation des Reiches folgte feudalen Prinzipien, indem der lateinische Kaiser Lehen an die Adligen vergab. Militärisch hatten die Byzantiner den Kreuzfahrern zunächst nichts entgegenzusetzen, obwohl sie ihnen zahlenmäßig überlegen waren. In Thrakien konnten die beiden Konkurrenten Balduin I. und Bonifaz von Thessalonike byzantinischen Widerstand niederhalten. Bonifaz setzte im Sommer 1205 Otto de la Roche als Grafen von Athen und Böotien ein, um seinen Einfluss dort zu festigen.

Zu den Unterstützern der lateinischen Herrschaft zählten auch Wilhelm von Champlitte und Gottfried I. von Villehardouin, die auf der Peloponnes das Fürstentum von Morea errichteten. Die Peloponnes stellte im Hochmittelalter einen wichtigen Wirtschaftsraum dar, bedeutend waren Korinth bzw. die befestigte Siedlung Akrokorinth, wo es Produktionsstätten für Keramik und Textilien gab. Seit 1201 hatte allerdings der byzantinische Usurpator Leon Sguros von Nauplion (Nafplion) aus eine Herrschaft errichtet, die die Nordpeloponnes und Attika umfasste.

Die wirtschaftliche Infrastruktur erlaubte ihm weitere Expansionen. 1204 traf er den entmachteten Kaiser Alexios III., der sich von ihm Unterstützung für seine Wiedereinsetzung erhoffte. Bonifaz konnte mit seinen Verbündeten dennoch Leon zurückdrängen und auf Akrokorinth isolieren. Spektakulär stürzte sich Leon 1208 mit seinem Pferd über die hohen Felsen in den Tod, die Festung ergab sich im folgenden Jahr den Lateinern.

Die Peloponnes firmiert in lateinischen und griechischen Quellen meistens unter dem Begriff Morea (belegt seit dem 10. Jahrhundert), was mit der Bezeichnung des für die Seidenraupenzucht notwendigen Maulbeerbaums zu tun hat. Die seidenverarbeitenden Manufakturen waren weithin berühmt, was schon im 12. Jahrhundert dazu führte, dass der Normannenkönig Roger II. von Sizilien (1130–1154) während seines Angriffs auf das Byzantinische Reich Seidenarbeiterinnen nach Sizilien verschleppte. Bei den Seidenstoffen gab es viele Qualitätsstufen, die feinsten, purpurgefärbten durfte nach wie vor nur der Kaiser tragen.

Zu einem weiteren wichtigen Zentrum entwickelte sich Mystras am Rand der lakonischen Ebene, wo der aus der Champagne stammende Gottfried I. von Villehardouin eine Festung errichtete. Mystras, hinter dem sich möglicherweise ein Familienname verbirgt, liegt auf einer Felsformation vor den Abhängen des Taygetos-Gebirges etwa fünf Kilometer westlich des antiken Sparta bzw. des mittelalterlichen Lakedaimon. Die Villehardouin mussten 1259

Karte byzantinische Nachfolgereiche

diese Besitzung, welche bis zur Eroberung durch die Osmanen im Jahr 1460 eine bemerkenswerte Rolle einnehmen sollte, nach der Niederlage in Pelagonia an die Byzantiner abtreten.

Nicht nur in der Herrschaftsorganisation änderte sich nach 1204 einiges, auch eine neue kirchliche Hierarchie wurde installiert. Der orthodoxe Patriarch von Konstantinopel, Johannes X. Kamateros (1198–1206), verließ mit den Fliehenden die Stadt in Richtung Nikaia. An seine Stelle trat mit Thomas Morosini der erste lateinische Patriarch (1204–1211), der aber erst im Frühjahr 1205 von Papst Innozenz III. anerkannt wurde. Die orthodoxe Kirche akzeptierte das katholische Oberhaupt nicht, alle Versuche, die griechische Seite in die neue Hierarchie einzubinden, fruchteten daher nichts.

Einen schwer zu verkraftenden Rückschlag für die Konsolidierung der lateinischen Dominanz stellte die Auseinandersetzung um die thrakische Stadt Adrianopel dar. Dort unterlag am 14. April 1205 Balduin I. in der Schlacht gegen den bulgarischen Zaren Kalojan (1197–1207) – dieser wurde unterstützt von Truppen des Reitervolks der Kumanen und Soldaten aus Nikaia, einem der drei Exilreiche der Byzantiner. Der lateinische Kaiser wurde gefangen genommen und verschwand. Sein Nachfolger wurde Heinrich I. von Flandern, der am 20. August 1206 vom lateinischen Patriarchen Morosini in der Hagia Sophia zum Kaiser gekrönt wurde.

Rasch zeigten sich Schwierigkeiten für die neuen Machthaber am Goldenen Horn: Es erfolgte nur wenig Zuzug aus den westlichen Heimatländern, die wirtschaftlichen Ressourcen vor Ort waren zerstört, verschifft oder schlichtweg aufgebraucht. Schwer zu lösen war auch das Problem der Sprach- und Religionszugehörigkeit. Versuche des Papstes, die Bevölkerung zum Glaubensübertritt zu drängen, zeitigten nur mäßige Erfolge. Die Einrichtung westlicher Ordensgemeinschaften in der Hauptstadt bewirkte zwar einen zaghaften kulturellen Austausch, wobei die Gemeinschaften als Sieger auftraten und dies auch demonstrierten. Eine Breitenwirkung oder ein Klosternetzwerk, das über die Mauern der Stadt hinaus hätte Wirkung entfalten können, entwickelten die lateinischen Mönche aber kaum. Schon bald zeichnete sich ab, dass die Lateiner einen Pyrrhussieg erlangt hatten.

Außerhalb von Byzanz entstehen neue Exilreiche

Nach einer Schockstarre und dem Exodus eines Teils der Bevölkerung von Konstantinopel formierte sich an mehreren Orten wieder byzantinische Herrschaft und damit Widerstand gegen die neuen Herren in Konstantinopel. Nikaia, Arta/Epirus und Trapezunt bemühten sich um den Erhalt des oströmischen Kaisertums und die Rückerobe-

Das Kloster Sumela liegt in der heutigen türkischen Provinz Trabzon an der Schwarzmeerküste. Die ältesten erhaltenen Gebäude stammen aus der Zeit der byzantinischen Herrscherdynastie der Komnenen. Diese gründeten nach der Flucht aus Konstantinopel 1204 am Schwarzen Meer das Exil-Kaiserreich Trapezunt.

rung des zweiten Rom. Vor und während der Einnahme hatten insbesondere Angehörige der führenden Gesellschaftsschichten die Hauptstadt verlassen. Sie machten sich zu Recht Sorgen um ihr Leben sowie um ihr Hab und Gut. Unter ihnen befand sich auch Michael I. Komnenos Dukas, ein Vetter des Kaisers Isaak II. Angelos. Michael hatte zunächst in Diensten des Bonifaz gestanden, setzte sich dann aber nach Westgriechenland in den byzantinischen Verwaltungsbezirk (*Thema*) Nikopolis am Adriatischen Meer ab.

Das Zentrum dieser Epirus genannten Region, die durch eine schwer zu überquerende Gebirgskette von Mittelgriechenland abgetrennt war, etablierte sich in Arta. Rasch konnte Gebiete von Dyrrhachion (Durazzo) im Norden bis Naupaktos am Golf von Korinth von Michael erobert werden. Dieses Gebilde wird mit dem nicht zeitgenössischen Begriff Despotat bezeichnet, da Michael zu diesem Zeitpunkt noch kein gekröntes Haupt war, sondern lediglich ein Herrscher bzw. Herr (griechisch *despotes*). Kirchlich unterstellte er sich Papst Innozenz III., da Patriarch Johannes X. Kamateros nicht bereit war, ihn anzuerkennen.

Der lateinische Kaiser Heinrich I. verlangte die Gefolgschaft des Herrschers von Epirus, und man einigte sich schließlich auf eine Heiratsallianz. Michaels strategisches Ziel war die Einnahme Thessalonikes, der wichtigsten Stadt im nördlichen Ägäisraum und zugleich Zentrum des jüngst gegründeten Königreiches. Die hochfliegenden Pläne Michaels wurden jäh gestoppt, als er 1215 im Kampf gegen die Serben einem Anschlag zum Opfer fiel.

Sein Nachfolger Theodoros Komnenos Dukas konnte einen Coup landen, als er im April 1217 Peter von Courtenay, der zum Nachfolger Heinrichs I. (gest. 11. Juni 1216) bestimmt worden war, auf seinem Weg von Dyrrhachion nach Konstantinopel festnehmen und als Geisel inhaftieren konnte. Jolante (gest. 1219), die Frau Peters, trat daraufhin in Konstantinopel die Regierung für ihre Söhne Robert (1221–1228) und Balduin II. (1228–1261) an.

Theodoros dürfte durch seine Erfolge bald davon beseelt gewesen sein, die Kaiserstadt einzunehmen. Zwar war er zu diesem Zeitpunkt nur ein regional agierender Herrscher ohne Legitimation von oben, aber mit der Einnahme des Königreichs von Thessalonike (1224) konnte er an eine Krönung denken, welche an seinem Konkurrenten in Nikaia schon längst vollzogen worden war. Anders als in Nikaia, wo der Patriarch im Exil wirkte, musste sich Theodoros nach einem Kirchenmann umschauen, der diese feierliche Einführung durchführen konnte. Diesen Akt vollzog Demetrios Chomatenos, Erzbischof von Ochrid, im Jahr 1225 oder 1227. Bis 1230 schien Theodoros nichts bei der Umsetzung seines Vorhabens aufzuhalten, doch strebte auch der bulgarische Zar Iwan (Johannes) Asen II. (1218–1241) die Vertreibung der Lateiner aus Konstantinopel an. Er erhoffte sich, Herrscher über Byzanz und Bulgarien zu werden, ein Traum, den schon Simeon von Bulgarien im beginnenden 10. Jahrhundert gehabt hatte, dessen Umsetzung aber an den festen Stadtmauern gescheitert war.

Am 9. März wurde Theodoros und seine Truppen bei Klokotnica, zwischen Adrianopel und Philippopel gelegen, von einer bunt zusammengewürfelten Streitmacht unter bulgarischer Ägide besiegt, der Herrscher von Epirus und Thessalonike gefangen genommen und als Geisel am Hof Asens zunächst ehrenvoll behandelt, dann aber geblendet, nachdem er versucht hatte, gegen den Zaren zu intrigieren. Der bulgarische Herrscher machte in der Folge große Gebietsgewinne auf der Balkan-Halbinsel und setzte einen Vasallen in Thessalonike ein. Das Despotat von Epirus verkleinerte sich, und es entwickelten sich selbständige Herrschaften in Akarnanien und Thessalien. Im Ringen um die Rückeroberung Konstantinopels spielte das Despotat von Epirus danach keine Rolle mehr. Wichtiger wurde nun das Kaiserreich von Nikaia.

Nikaia übernimmt die Führungsrolle

Diese Stadt, die an einem See liegt, war nach 1204 zunächst unabhängig geblieben, nahm aber Theodoros (I.) Laskaris, den Schwiegersohn des Kaisers Alexios III., auf. Dieser musste sich mühsam gegen den lateinischen Kaiser Heinrich, gegen das seldschukische Sultanat von Ikonion und gegen das gerade etablierte Kaiserreich von Trapezunt, einen der drei Nachfolgestaaten des Byzantinischen Reichs, durchsetzen.

Schon 1206 wurde Laskaris zum Kaiser von Nikaia proklamiert und zwei Jahre später vom Patriarchen Michael IV. Autoreianos (1208–1213) gekrönt. Auf diese Weise erlangte Nikaia rasch den Status einer Hauptstadt im Exil, und aufgrund seiner expansiven Politik steigerte das Reich sein Ansehen bald noch weiter. 1214 schloss man allerdings zunächst mit den Lateinern und dem Kaiserreich von Trapezunt Friedensverträge, was dem neuen Gebilde, das sich erst festigen musste, eine Verschnaufpause verschaffte.

Johannes III. Dukas Vatatzes (1222–1254) folgte Theodoros auf den Thron, und er setzte die Erfolgsgeschichte fort. Nach 1230, dem Jahr der Niederlage für Epirus, verbündete sich Johannes III. mit Iwan Asen II. von Bulgarien gegen das Lateinische Kaiserreich, das sich nach wie vor hinter den Stadtmauern Konstantinopels sicher fühlen konnte.

Nach dem Tod Iwans II. fiel ein möglicher Anwärter auf den Kaisertitel aus, und Johannes setzte seine Eroberungspolitik fort. Sukzessive nahm er Thessalonike, Thrakien und viele Inseln der Ägäis (zum Beispiel Rhodos) ein.

Mit Friedrich II. von Hohenstaufen pflegte Johannes intensive diplomatische Kontakte. Er heiratete 1244 sogar dessen uneheliche Tochter Konstanze, nun Anna genannt. Dem Papst bot er die kirchliche Unterordnung des orthodoxen Patriarchats an, in der Hoffnung, dafür Unterstützung gegen das lateinische Kaisertum zu bekommen.

Christus zwischen der Muttergottes und Johannes dem Täufer: Mit dieser „Deesis", die in der Hagia Sophia als prachtvolles Mosaik entstand, versuchte Michael VIII. nach der Rückeroberung Konstantinopels an frühere byzantinische Pracht anzuknüpfen.

Als Johannes im November 1254 starb, stand das Kaiserreich von Nikaia im Vergleich zu den anderen Herrschaften rund um die Ägäis am besten da: Der nordwestliche Teil Kleinasiens erlebte einen bemerkenswerten wirtschaftlichen Aufschwung, der sogar die Mitversorgung der angrenzenden seldschukischen Emirate erlaubte.

Die Rückeroberung Konstantinopels war nur eine Frage der Zeit. Nach Theodoros II. Laskaris (1254–1258) gelang es Michael (VIII.) Palaiologos endlich, die Stadt 1261 – eher zufällig – wieder einzunehmen. Als Kaiser Michael VIII. die Stadt betrat, war er wahrscheinlich überrascht und enttäuscht, wie desolat und ausgestorben Konstantinopel war. Die mehr als 50-jährige Herrschaft der Lateiner hatte keine Prosperität gebracht – ganz im Gegenteil. Einige Viertel lagen in der Folge der Großbrände vor der Einnahme des Jahres 1204 nach wie vor verfallen da. An vielen Stellen waren kostbare Baumaterialien wie Säulen und Marmorplatten von Bauwerken entfernt und in den Westen abtransportiert worden. So findet man in manch italienischer Stadt Reste byzantinischer Bauten, zum Beispiel in Genua.

Auch Venedig strotzt vor Beutestücken, die aus Byzanz herangeschafft wurden. Dabei ging man in Venedig noch einen Schritt weiter: Nicht nur Säulen wurden bei San Marco eingebaut, es wurde auch das berühmte Tetrarchenrelief an der Südwestecke der Kirche eingelassen. Die Vierergruppe aus rot leuchtendem Porphyr stellt die Herrscher Diokletian, Maximian, Konstantius I. und Galerius dar, die gemeinsam das römische Imperium verwalteten. Mit diesem Denkmal, das in Konstantinopel prominent aufgestellt war, unterstrich der Doge seinen Machtanspruch – er verstand sich damit als jemand, der in kaiserlicher Tradition stand bzw. als einer, der das byzantinische Kaisertum bezwungen hatte. Vorbei an diesem Relief und den sogenannten Pilastri Acritani, die aus der verfallenden Polyeuktoskirche in Konstantinopel stammten, zog der Doge in seinen Palast ein.

Die Rückkehrer träumen von alter Größe

Die byzantinischen Rückkehrer versuchten nach Kräften, die Stadt wiederaufzubauen und zu renovieren. Michael VIII. wollte das Kaisertum zu alter Größe führen, doch mangelte es an den dafür notwendigen wirtschaftlichen Ressourcen. Ein eindrückliches Zeichen für den Versuch, das byzantinische Selbstverständnis erneut hervorzuheben, hat sich in der Hagia Sophia von Konstantinopel erhalten: Michael ließ von seinen Kunsthandwerkern ein monumentales Mosaik mit der Darstellung der *Deesis* (Jesus Christus zwischen der Muttergottes und Johannes dem Täufer) setzen, an dem man die Kunstfertigkeit byzantinischer Mosaizisten studieren kann. Dem Mosaik gegenüber befand sich wahrscheinlich das Grab des Dogen Enrico Dandolo, der 98-jährig in Konstantinopel gestorben und in der Hagia Sophia bestattet worden war. Im 19. Jahrhundert wurde eine schlichte Inschrift (Henricus Dandolo) an der vermeintlichen Stelle seiner Ruhestätte angebracht, nachdem die osmanischen Eroberer nach 1453 das Grab beseitigt hatten.

In der zweiten Hälfte des 13. Jahrhunderts hatte sich die politische Landschaft Europas grundlegend geändert. Der östliche Mittelmeerraum war zu einem Nebenschauplatz geworden, und das Lateinische Kaiserreich war nach nicht einmal 60 Jahren wieder verschwunden, wenngleich der Titel „Lateinischer Kaiser von Konstantinopel" noch bis 1383 weitergegeben wurde. Einzig in Südgriechenland existierten noch fränkische Herrschaften, die sich teilweise bis zum Vordringen der Osmanen in diese Gefilde (seit der zweiten Hälfte des 14. Jahrhunderts) halten konnten.

Prof. Dr. Michael Grünbart

Die Dynastie der Palaiologen

Der Untergang von Byzanz

Ralph-Johannes Lilie

1261 gelang es den Byzantinern, Konstantinopel zurückzuerobern und dem Lateinischen Kaiserreich ein Ende zu bereiten. Die neue Herrscherdynastie der Palaiologen trat an. Aber das Reich fand nicht zu alter Größe zurück. Bürgerkriege, ökonomische Erschöpfung und zahlreiche Feinde schwächten Byzanz zunehmend. Zum übermächtigen Gegner wurden die Osmanen, die 1453 die Stadt einnahmen.

Um die Mitte des 13. Jahrhunderts waren die Gewichte im östlichen Mittelmeerraum einigermaßen austariert, auch wenn die Verhältnisse nicht stabil waren. Die Kreuzfahrerstaaten an der Küste Syriens und Palästinas waren in sich uneins und wurden von der Expansion der ägyptischen Mamluken bedroht. Das türkische Sultanat von Ikonion (heute Konya, Türkei) lag in den letzten Zügen. Auf dem Balkan stritten Lateiner, Serben, Bulgaren und Griechen um kleine territoriale Gewinne, ohne einander entscheidende Vorteile abgewinnen zu können. Das Lateinische Kaiserreich von Konstantinopel war de facto auf die Stadt selbst reduziert und hielt sich nur dank der Hilfe der Venezianer.

Relativ am stärksten war noch das byzantinische Exil-Kaiserreich von Nikaia (heute Iznik, Türkei), das aber unter inneren Problemen litt: Kaiser Theodoros II. Laskaris (1254–1258) kämpfte mit dem Adel um die Vorherrschaft. Als er 1258 starb, war sein Sohn Johannes IV. erst acht Jahre alt, was eine Regentschaft unausweichlich machte. Der Adel nutzte die Gelegenheit und stürzte den von Theodoros II. eingesetzten Regenten.

Das Ende nach 1000 Jahren: Die Erstürmung Konstantinopels durch die Osmanen am 29. Mai 1453 ist in einem Wandfresko im rumänischen Moldovica festgehalten.

An die Spitze des Reiches trat mit Michael VIII. Palaiologos der Anführer der von Theodoros II. bekämpften Adelsopposition. Er versuchte, von den inneren Schwierigkeiten, die mit einem solchen Umsturz verbunden waren, durch eine aktive Außenpolitik abzulenken. So wandte sich Michael gegen die Konkurrenten Nikaias auf dem Balkan und konnte eine von ihnen gebildete Koalition 1259 bei Pelagonia schlagen. Dieser Sieg führte in der Folge auch dazu, dass Byzanz wieder auf der Peloponnes Fuß fassen konnte. Gegen das seemächtige Venedig, das den lateinischen Kaiser in Konstantinopel unterstützte, schloss er 1261 ein Bündnis mit Genua.

Ironischerweise hätte es aller dieser Manöver nicht bedurft, denn das Glück spielte Michael

Konstantinopel in die Hände: Im Vertrauen auf einen Waffenstillstand hatte die lateinische Garnison die Stadt sich selbst überlassen und war auf venezianischen Schiffen zu einer Unternehmung im Schwarzen Meer aufgebrochen, als eine kleine byzantinische Truppe die Stadt auf dem Marsch nach Thrakien passierte, feststellte, dass sie ungeschützt war, und sie am 25. Juli 1261 in schnellem Handstreich einnahm.

Im August 1261 hielt Michael VIII. feierlich Einzug in die zurückgewonnene Hauptstadt und ließ sich in der Hagia Sophia noch einmal zum Kaiser krönen. Diesen Triumph nutzte er aus, um den eigentlichen Kaiser Johannes IV. nun endgültig auszuschalten, indem er ihn absetzen und blenden ließ. Das führte zwar zu Unruhen unter den Anhängern der Laskariden-Dynastie, aber Michael VIII. hatte keine Probleme, die Aufbegehrenden zu unterwerfen.

Der Status des wiedererstandenen Byzanz schien nach 1261 gesichert zu sein: Auf dem Balkan standen die Bulgaren unter dem Druck des Reiches der mongolischen Goldenen Horde, zu dem Michael VIII. gute Beziehungen unterhielt. Das zerfallende Sultanat von Ikonion wurde im Osten von den mongolischen Ilkhanen bedroht, und in Italien blockierten die Anhänger der Staufer unter König Manfred, einem unehelichen Sohn Friedrichs II., und diejenigen der mit den Päpsten verbündeten Anjou sich gegenseitig.

Gefahr droht erneut von den Glaubensbrüdern aus dem Westen

Aber diese günstige Situation kehrte sich wenige Jahre später in ihr Gegenteil: 1266 gelang es Karl von Anjou, Manfred bei Benevent zu schlagen und zu töten. 1268 wurde mit Konradin, dem Enkel Friedrichs II. und Neffen Manfreds, der letzte Staufer von Karl bei Tagliacozzo geschlagen, gefangen genommen und hingerichtet, womit Karl sich in Italien und auf Sizilien endgültig durchgesetzt hatte und nun Ambitionen entwickelte, seine Herrschaft auf den Balkan auszuweiten und das lateinische Kaisertum wieder in Konstantinopel durchzusetzen.

Michael VIII. erkannte diese bedrohliche Lage und versuchte, ihr durch diverse diplomatisch-militärische Maßnahmen gegenzusteuern. Er unterstützte die Gegner der Anjou in Italien und bemühte sich vor allem um eine Versöhnung mit dem Papsttum. Das setzte freilich die in Byzanz seit 1204 höchst unpopuläre Anerkennung des päpstlichen Primats voraus. Aber die außenpolitischen Nöte waren stärker. Auf dem Konzil von Lyon 1274 vollzog Michael VIII. die Kirchenunion und unterband damit die päpstliche Hilfe für Karl von Anjou. Allerdings hatte er große Schwierigkeiten, die Union in Byzanz durchzusetzen, was auch in Rom notiert wurde.

Als 1280 mit Martin IV. ein Anhänger Karls zum Papst gewählt wurde, schien der Weg für einen neuen Kreuzzug gegen Byzanz frei. Karl von Anjou, der schon einige Gebiete am Ostufer der Adria eingenommen hatte, sammelte im Frühjahr 1282 ein großes Heer und traf Anstalten, mit Unterstützung der venezianischen Flotte gegen Konstantinopel zu ziehen.

Allerdings war die Herrschaft der Franzosen in Unteritalien und auf Sizilien nicht unumstritten und äußerst unbeliebt. Dies nutzten die Gegner Karls aus. Schon zuvor hatte Michael VIII. enge Verbindungen mit König Peter von Aragón unterhalten, der als Gatte einer Tochter Manfreds die alten staufischen Rechte in Italien beanspruchte. Unterstützt von byzantinischem Geld, brach am 30. März in Palermo ein Aufstand aus, die „Sizilianische Vesper", der auf andere Städte und Provinzen übergriff. Ende August landete Peter von Aragón auf Sizilien, wo die Herrschaft des Hauses Anjou schnell zusammenbrach. Karl konnte sich nur mit Mühe in Unteritalien behaupten, wo er 1285 starb.

Byzanz war damit dem geplanten großen Angriff aus dem Westen entgangen. Aber der Preis dafür war hoch. Fast 20 Jahre lang hatte es immer wieder kleinere und größere militärische Auseinandersetzungen mit den Gegnern aus dem Westen und auf dem Balkan gegeben. Die finanziellen Anstrengungen, die die diplomatischen Bemühungen begleiteten, waren immens und zusammen mit den notwendigen militärischen Aufwendungen für das Reich kaum zu tragen. Die Anerkennung der Kirchenunion hatte zu inneren Spannungen mit der byzantinischen Kirche und in der Bevölkerung geführt, und auch die Beseitigung des legitimen Kaisers hatte Michael VIII. nicht wenig Feinde unter den Byzantinern selbst eingetragen. Als er am 11. Dezember 1282 starb, hatte er das Reich zwar vor seinen äußeren Feinden bewahrt, hinterließ es aber zugleich in einem Zustand finanzieller Erschöpfung und unter dem Druck vieler ungelöster Probleme, die schon wenig später offen zutage treten sollten.

Neue Machtkonkurrenz: Der Johanniterorden, nach der Eroberung Jerusalems durch die Kreuzfahrer gegründet, setzte sich Anfang des 14. Jahrhunderts auf der Mittelmeerinsel Rhodos fest. Dabei wurden die letzten byzantinischen Truppen vertrieben. Für rund 200 Jahre beherrschten die Ordensritter die Insel (Foto: Großmeisterpalast in der Altstadt von Rhodos).

Finanzielle Erschöpfung und der Verlust Kleinasiens

Das wiedererrichtete Reich der Palaiologen war weit entfernt von dem großen Imperium, das die Kaiser vor 1204 beherrscht hatten. In Kleinasien war es mehr oder weniger auf den nordwestlichen Teil beschränkt. Das Reich von Trapezunt – einer der Nachfolgestaaten des Byzantinischen Reiches, gegründet von der vor den Kreuzfahrern geflüchteten Herrscherdynastie der Komnenen – blieb selbständig, und die Grenze zu den türkischen Herrschaften war schwach gesichert und lückenhaft. Auf dem Balkan unterstanden eigentlich nur die weiteren Küstenregionen an der Ägäis der byzantinischen Kontrolle. Die Inseln der Ägäis gehörten Venedig oder Genua oder von diesen entsandten Machthabern. Auf Rhodos etablierte sich zu Beginn des 14. Jahrhunderts der Ritterorden der Johanniter. Die italienischen Händler genossen weitgehende Immunitäten und Abgabenbefreiungen.

Insofern ist es nicht verwunderlich, dass die weitgreifenden politischen und militärischen Anstrengungen Michaels VIII. – die zweifellos notwendig gewesen waren, um das Reich zu erhalten – die wirtschaftlichen und finanziellen Ressourcen überfordert hatten. Hinzu kam der Verteilungskampf zwischen der Zentralregierung und dem Adel in den Provinzen, der sich auch in diesen Jahren fortsetzte und die Kaiser unter Druck hielt.

Vor diesem Hintergrund vollzog der neue Kaiser Andronikos II. (1282 – 1328), Michaels ältester Sohn, eine Kehrtwende. Da die militärische Bedrohung aus dem Westen nicht mehr akut schien, wurden die Kosten für Heer und Flotte massiv zusammengestrichen. Außerdem führte der Kaiser eine Münzreform durch und verminderte den Goldgehalt der Geldstücke. Die Kirchenunion mit dem Papsttum nahm der Kaiser zurück, was ihm Beifall in der Bevölkerung eintrug. Die daraus entstehenden außenpolitischen Schwierigkeiten konnte Andronikos durch die Heirat mit Yolanthe von Montferrat kompensieren. Tatsächlich hatte Byzanz in diesen Jahren keine direkten militärischen Angriffe aus Italien oder überhaupt aus Westeuropa zu befürchten.

Auch auf dem Balkan setzte Andronikos II. das Mittel der Heiratspolitik ein. So versuchte er, Milutin, den Herrscher des aufstrebenden Serbien, durch eine Heirat mit seiner Schwester Eudokia an Byzanz zu binden. Hier zeigte sich allerdings, dass die Autorität des Andronikos weit schwächer war als diejenige seines Vaters, denn Eudokia weigerte sich schlichtweg, Konstantinopel zu verlassen und nach Serbien zu ziehen. Andronikos konnte oder wollte sie dazu nicht zwingen. Aber Milutin sah in einer solchen Heiratsverbindung mit dem byzantinischen Herrscherhaus immer noch einen herausragenden Prestigegewinn und bestand auf der Hochzeit. Um einen drohenden Krieg mit Serbien zu vermeiden, blieb Andronikos nichts anderes übrig, als Milutin

Michael VIII. Palaiologos (1259–1282) nahm 1261 Konstantinopel wieder ein (Mosaik, 14. Jahrhundert). Das zurückgewonnene Byzantinische Reich musste sich jedoch zahlreicher alter und neuer Feinde erwehren.

seine Tochter Simonis zur Frau zu geben, obwohl diese gerade einmal fünf Jahre zählte. 1299 wurde die Hochzeit gefeiert, so dass Byzanz zumindest in dieser Region einigermaßen Ruhe hatte.

Als folgenschwerer erwies sich die militärische Schwäche zur See und in Kleinasien. Der Geldmangel hatte Andronikos dazu gezwungen, die byzantinische Flotte mehr oder weniger aufzulösen. Als Ersatz hatte er sich auf die Flottenhilfe des mit Byzanz verbündeten Genua verlassen und sich sogar in einem zwischen Genua und Venedig ausgebrochenen Krieg auf die genuesische Seite gestellt. Genua lohnte diese Bündnistreue nicht, sondern schloss Frieden mit Venedig, ohne Byzanz einzubeziehen, so dass Andronikos sich plötzlich allein den venezianischen Schiffen gegenübersah und 1302 in einen unvorteilhaften Friedensvertrag mit der Lagunenstadt einwilligen musste.

Noch desaströser wirkte sich der Fehler aus, in Kleinasien keine ausreichenden eigenen Streitkräfte zu unterhalten. Hier hatte sich in der zweiten Hälfte des 13. Jahrhunderts eine komplexe Situation ergeben: Im Osten hatte das mongolische Reich der Ilkhane, mit dem Michael VIII. in freundschaftlichen Verbindungen stand, das Sultanat von Ikonion weiter geschwächt und Byzanz so Ruhe an der Ostgrenze verschafft. Aber andererseits waren einige türkische Stämme vor dem mongolischen Druck nach Westen ausgewichen und bedrohten nun ihrerseits das byzantinische Kleinasien. Gegen Ende des Jahrhunderts war die byzantinische Kontrolle über das flache Land mehr oder weniger dahin, nur die befestigten Städte konnten sich weiterhin halten.

Da die eigenen Truppen für einen Gegenschlag nicht ausreichten, verpflichtete Andronikos eine Truppe lateinischer Söldner unter ihrem Anführer Roger de Flor, die sogenannte Katalanische Kompanie. Roger de Flor erschien mit seinen Männern 1303 in Konstantinopel, erhielt den hohen Titel eines Caesar und wurde sogar mit einer Verwandten des Kaisers verheiratet. 1304 setzte er nach Kleinasien über und besiegte die Türken in mehreren Gefechten.

Aber die Ehe mit der Nichte des Kaisers ersetzte nicht die ausbleibenden Soldzahlungen. Es kam zu Auseinandersetzungen, die Katalanen begannen, auch byzantinische Gebiete zu plündern, und

Kaiser Andronikos II. (1282–1328) sowie sein Sohn und Mitkaiser Michael IX. auf einer byzantinischen Goldmünze, einem sogenannten Hyperpyron. Andronikos senkte die Ausgaben für Heer und Flotte – mit gefährlichen Folgen für das Reich.

Der katalanische Söldnerführer Roger de Flor kämpfte 1304 im Auftrag der Byzantiner erfolgreich gegen die Türken. Das Gemälde des spanischen Historienmalers José Moreno Carbonero von 1888 hält die Begegnung zwischen Söldnertruppe und Kaiser Andronikos fest.

schließlich wurde Roger de Flor 1305 in Adrianopel auf Geheiß des Mitkaisers Michael (IX.) Palaiologos ermordet. Daraufhin gingen die Katalanen zum offenen Kampf über, verheerten Thessalien und Böotien, eroberten und brandschatzten Theben und errichteten schließlich 1311 im lateinischen Herzogtum Athen eine eigene Herrschaft, die bis in die 80er Jahre des 14. Jahrhunderts Bestand haben sollte.

Der Erfolg der Katalanischen Kompanie, deren Stärke weit unter 10 000 Mann lag, zeigte auf einen Schlag, wie schwach Byzanz in dieser Zeit tatsächlich geworden war. Während es diese Schwäche auf dem Balkan noch mit diplomatischen Manövern halbwegs ausgleichen konnte, stand es nach dem Abzug der Katalanen den türkischen Angriffen fast wehrlos gegenüber. Nur einige Städte blieben noch einige Jahre byzantinisch, das flache Land ging völlig verloren. 1327 fiel Bursa. 1331 nahmen die Osmanen Nikaia und 1337 Nikomedeia ein. Nur das entfernte Philadelpheia am Mäander (heute die türkische Stadt Alaşehir in der Provinz Manisa) sollte sich noch lange Jahre halten, sozusagen eine Insel im türkischen Meer, bis es 1390 verlorenging. Aber für Byzanz war das nicht mehr von Bedeutung.

Statt zusammenzuhalten, zerfleischen die Byzantiner einander

Eine der vielen Auffälligkeiten in der Geschichte des Byzantinischen Reiches ist das Zusammenfallen von inneren und äußeren Notlagen. Man sollte meinen, dass die Byzantiner näher zusammengerückt wären, um den Bedrohungen von außen zu begegnen. Aber häufig war das Gegenteil der Fall, so auch in dieser Zeit. Andronikos II. war kein starker Herrscher. Er hatte schon relativ früh seinen Sohn Michael nicht nur zum Mitkaiser erhoben, sondern ihm – was bis dahin gänzlich unüblich

Kaiser Johannes VI. Kantakuzenos (1341/1347–1354) setzte sich erst nach einem längeren Bürgerkrieg durch. Auf der Synode von 1351 in Konstantinopel (byzantinische Buchmalerei) erkannte er zum Ärger des lateinischen Westens die mystische Bewegung des Hesychasmus an.

war – auch militärische Kommandos übertragen, die allerdings zumeist nicht erfolgreich verliefen. 1320 starb Michael, sein Sohn Andronikos (III.) aber stand, soweit man den Quellen, die darüber berichten, vertrauen kann, in krassem Gegensatz zu seinem Großvater, nicht zuletzt, weil er den Tod seines Bruders Manuel verschuldet haben sollte.

Nach dem Tod Michaels kam es zum Bruch zwischen Großvater und Enkel. Andronikos III. ließ sich daraufhin zum Kaiser ausrufen. Der Bürgerkrieg zwischen beiden dauerte mehrere Jahre, ohne dass es zu einer Entscheidung gekommen wäre. Eine Versöhnung 1325 hielt nur kurze Zeit, bis die Kämpfe erneut ausbrachen und Andronikos III. seinen Großvater 1328 schließlich zur Abdankung zwingen konnte.

Andronikos III. erwies sich als ein energischer und aktiver Herrscher, der zahlreiche Kriegszüge führte, in denen er aber zumeist erfolglos blieb. In den 1330er Jahren eroberten die osmanischen Türken die letzten byzantinischen Städte im Nordwesten Kleinasiens, auf dem Balkan erlitt Byzanz Misserfolge gegen die Serben und Bulgaren. Nur gegen die kleinen lateinischen Herrschaften in Thessalien und Böotien konnte der Kaiser einige Eroberungen verzeichnen, die nach seinem Tod aber nicht lange gehalten werden konnten.

Als Andronikos III. 1341 starb, war sein Sohn Johannes V. erst neun Jahre alt, was sofort zu einem erneuten Bürgerkrieg führte. Der starke Mann am Hof Andronikos' III. war Johannes Kantakuzenos gewesen, der nach dem Tod des Andronikos folglich auch die Leitung der Staatsgeschäfte beanspruchte, sich aber gegen die Witwe des Kaisers, Anna von Savoyen, die vom Patriarchen Johannes Kalekas gestützt wurde, nicht durchsetzen konnte. Er wich daher nach Thessalien aus, wo er sich zum Kaiser ausrufen ließ. Der daraus entstehende Bürgerkrieg dauerte mehrere Jahre, bis Johannes VI. dank türkischer und serbischer Hilfe die Oberhand gewann und 1347 auch in Konstantinopel als Kaiser anerkannt wurde. Johannes V. wurde allerdings nicht beseitigt, sondern blieb Mitkaiser und wurde mit einer Tochter des Johannes verheiratet. Der Status der Palaiologen-Dynastie war in den vorangegangenen knapp 100 Jahren so gewachsen, dass eine totale Konfrontation mit ihr zu gefährlich gewesen wäre. So kam man zu einem Kompromiss, der durch diese Heirat besiegelt wurde.

Der Erfolg des Johannes zeigt allerdings die wahren Kräfteverhältnisse auf. Die stärkste Macht auf dem Balkan war in dieser Zeit Serbien unter dem Zaren Stefan Dušan, der zwar Johannes Kantakuzenos unterstützte, zugleich aber seine eigenen Ziele verfolgte. Unter seiner Herrschaft besetzte Serbien den ganzen Norden Griechenlands und dehnte sich bis an die Grenzen des katalanischen Herzogtums Athen aus. Aber Stefan Dušan dachte nicht nur an territoriale Ausdehnung, sondern sah sich als Erben der byzantinischen Kaiser. Er richtete in Serbien ein eigenes Patriarchat ein und ließ sich von dem Patriarchen 1346 zum „Kaiser der Serben und Griechen" krönen.

Die Anerkennung seines Kaisertums setzte jedoch den Besitz Konstantinopels voraus, und um dieses einzunehmen, hätte Stefan Dušan zwingend die Unterstützung einer Flotte gebraucht. Er wandte sich an Venedig, das aber ablehnte, denn was hätte es der Lagunenstadt gebracht, wenn sie es anstelle eines schwachen byzantinischen Kaisers nun mit einem starken serbisch-griechischen Kaisertum zu tun gehabt hätte? So verliefen die serbischen Anstrengungen im Sand. 1355 starb Stefan Dušan, und nach seinem Tod zerfiel das von ihm geschaffene Reich, nicht zuletzt, weil mit den Osmanen jetzt eine Macht auf dem Balkan erschien, die sich den dortigen Protagonisten als weit überlegen erweisen sollte.

Die Osmanen profitieren von der Schwäche ihrer Gegner

Die Türken als Volksstamm hatten sich in den 30er Jahren des 14. Jahrhunderts endgültig im westlichen Kleinasien durchgesetzt. Im Nordwesten saß das türkische Fürstentum der Osmanen, während die beiden türkischen Emirate Menteshe und Aydin sich die Küste der Ägäis teilten. Mit Aydin unterhielt Johannes VI. Kantakuzenos freundschaftliche Beziehungen und wurde von Unur, dem Emir Aydins, auch militärisch unterstützt. Dies war für Byzanz insofern unproblematisch, als Aydin ansonsten keine Interessen auf dem Balkan hatte. Aber Aydin störte die italienischen Fernhandelsrouten in der Ägäis und wurde daher in den 30er und 40er Jahren zum Angriffsziel einer Koalition verschiedener Mächte – der sogenannten Heiligen Liga, der anfangs auch Byzanz angehörte –, von denen es 1344 eingenommen und mehrere Jahre lang gehalten wurde.

Im Endeffekt erwies sich dieser Angriff als kontraproduktiv, denn von der Schwächung Aydins profitierten vor allem die Osmanen, die ihre Macht im Nordwesten Kleinasiens stabilisieren konnten, ohne dass dies im Westen große Beachtung gefunden hätte. Johannes Kantakuzenos erkannte diese Machtverschiebung und wechselte nach dem Tod Unurs 1348 von Aydin zu den Osmanen über, mit deren Sultan Orhan er sogar seine Tochter Theodora verheiratete. Fortan konnte er auf die Unterstützung osmanischer Truppen zählen, was vor allem gegen die Serben von Bedeutung war.

Byzanz befand sich zu dieser Zeit in einer desolaten ökonomischen Lage, wozu neben den ständigen Kriegen nicht zuletzt die große Pest beitrug, die zu Anfang der 40er Jahre den Balkanraum heimsuchte und sich von dort weiter nach Westeuropa ausbreitete. Es muss nicht verwundern, dass die Menschen in dieser Situation verstärkt auch religiöse Hilfe suchten.

In Byzanz hatte sich in der ersten Hälfte des 14. Jahrhunderts eine neue mystische Bewegung ausgebreitet, der „Hesychasmus" (von griechisch: *hesychia* = Ruhe, Gelassenheit), der besonders von den Mönchen des Athos propagiert wurde und sich von dort aus in der orthodoxen Welt verbreitete. Kurz gesagt versuchte man, durch eine Kom-

Die Mönche des Klosters Dochiariou auf dem Berg Athos waren Anhänger des Hesychasmus, einer von Byzanz ausgehenden orthodoxen Strömung, die asketische und meditative Übungen miteinander verband.

bination asketischer und meditativer Übungen eine mystische Stimmung zu erzeugen, in der der Betende glaubte, das sogenannte Taborlicht zu sehen: das Licht, das bei der Verklärung Jesu erstrahlte. Bei den Lateinern stieß diese Praxis auf Ablehnung, und folgerichtig gewann sie in dem lateinerfeindlichen Byzanz an Popularität. Der Kaiser erkannte die Bedeutung dieser Bewegung und ließ sie 1351 durch eine offizielle Kirchensynode anerkennen, während der Papst sie als häretisch verwarf.

Die Anerkennung des Hesychasmus war zwar in der Bevölkerung populär. Aber sie vertiefte den Graben zwischen Griechen und Lateinern. Bedenkt man, dass zur gleichen Zeit von Italien aus ein Kreuzzug gegen das muslimische Emirat Aydin in Westkleinasien lanciert wurde, mit dem der byzantinische Kaiser verbündet war, so kann es nicht weiter verwundern, dass sich das Byzanz-Bild im Westen nicht verbesserte und dass Unternehmungen zugunsten der Byzantiner nicht populär waren. Aber für Johannes VI. Kantakuzenos war das Bündnis mit den Türken einer der Eckpfeiler seiner Politik, sowohl als außenpolitische Unterstützung gegen Serbien als auch gegen seine inneren Gegner. Aber andererseits war er zu schwach, um diesen Bündnispartner effektiv kontrollieren zu können, und seine Politik führte den Osmanen das Machtvakuum im südlichen Balkan so eindrücklich vor Augen, dass sie sich geradezu eingeladen fühlen mussten, selbst dort Fuß zu fassen.

Die Politik des Kaisers führte auch zu einer weiteren Zersplitterung der verbliebenen Reichsgebiete. So überließ er seinem Sohn Matthaios das östliche Thrakien um Adrianopel als eigenes Herrschaftsgebiet und installierte seinen Sohn Manuel als Statthalter (griechisch *despotes* = Herr) im byzantinisch kontrollierten Teil der Peloponnes. Nominell erkannten zwar diese Statthalter den Kaiser in Konstantinopel als Souverän an, de facto betrieben sie aber eine mehr oder weniger unabhängige Politik.

In dieser Situation fiel es den Osmanen nicht schwer, selbst auf dem Balkan Fuß zu fassen. 1352 setzte sich eine Handvoll türkischer Soldaten trotz des Bündnisses zwischen Orhan und Johannes VI.

Auch der orthodoxe byzantinische Theologe Gregorios Palamas (1296/97–1359) war ein Vertreter des Hesychasmus. Palamas, Erzbischof von Thessalonike, wurde 1368 heiliggesprochen (Fresko im Kloster Vatopedi auf dem Berg Athos).

auf der Halbinsel Gallipoli fest und wehrte alle Versuche ab, sie von dort wieder zu vertreiben. 1354 nahmen sie die Stadt Gallipoli ein und machten damit das Scheitern der Politik des Kaisers offenkundig. Im selben Jahr verzichtete Johannes VI. zugunsten seines Vorgängers und Schwiegersohns Johannes V. Palaiologos auf den Thron und zog sich als Mönch Joasaph in das Manganenkloster in Konstantinopel zurück.

Die osmanische Expansion auf dem Balkan wurde von dem dortigen Machtvakuum entscheidend begünstigt. Byzanz war, wie wir gesehen haben, ökonomisch zu schwach und territorial zu zersplittert, um einen ernsthaften Gegner abzugeben. Das serbische Reich zerfiel nach dem Tod seines großen Zaren Stefan Dušan, und die Bulgaren litten immer noch unter ihrer Nachbarschaft zu den Mongolen der Goldenen Horde in Südrussland, die immer wieder Einfälle nach Bulgarien und darüber hinaus auch in die benachbarten Regionen unternahmen. Auch Venedig und Genua taten nichts, um zu verhindern, dass sich die Osmanen auf dem Balkan festsetzten.

Der Kaiser verpflichtet sich zur Tributzahlung an den Sultan

So fanden die Osmanen wenig Widerstand bei ihrem weiteren Vordringen, das sich unterschiedslos gegen Serben, Bulgaren und Griechen richtete. Zu Beginn der 1360er Jahre eroberten sie Didymoteichon im Nordosten Griechenlands und nahmen wenig später Adrianopel (heute das türkische Edirne im Dreiländereck Türkei, Griechenland, Bulgarien) ein, das der osmanische Sultan Murad I. zu seiner neuen Hauptstadt machte. 1371 schlugen sie die Serben an der Marica und verleibten die ostserbischen Provinzen ihrem Machtbereich ein. Bulgarien und Byzanz entgingen nur deshalb der völligen Unterwerfung, weil sie die osmanische Oberhoheit anerkannten und sich zu Tributzahlungen verpflichteten. Der byzantinische Kaiser musste es sogar akzeptieren, den Osmanen bei ihren Kriegszügen Heerfolge zu leisten.

Es war klar, dass weder Byzanz noch die anderen balkanischen Mächte sich aus eigener Kraft gegen die Osmanen behaupten konnten, und so unternahm Kaiser Johannes V. Palaiologos es, trotz aller religiösen Differenzen in Westeuropa um Hilfe und militärische Unterstützung zu werben. Dafür setzte er wieder das Mittel der Kirchenunion ein. Er versprach dem Papst, die byzantinische Bevölkerung binnen eines halben Jahres zur Kirchenunion zu bringen, sofern der Papst einige Schiffe mit Truppen nach Byzanz sende. Hierzu war der Papst nicht in der Lage, und auch Johannes V. hatte seine Durchsetzungskraft weit überschätzt. Ohne eine substantielle Hilfe aus dem Westen war die Kirchenunion in Byzanz nicht durchsetzbar.

Eine Bündnisanfrage in Serbien war ebenso erfolglos wie die Bitte um Hilfe an die italienischen Seestädte, die sich schon auf die Osmanen als kommende Vormacht einzustellen begannen. In seiner Not reiste Johannes V. 1365 in eigener Person nach Ungarn, um den ungarischen König zu bitten, gegen die Osmanen einzugreifen. Aber auch der ungarische König forderte zunächst die Kirchenunion, und Johannes hatte sogar große Mühe, wieder heil nach Konstantinopel zurück-

ملک غفور از انجا بازگشته در منکول باردوی همایون نزول فرموده و دران محل چند روز اقامت نموده در عین
عشرت و شادمانی و کمال حشمت و کامرانی نشست درین اثنا ایلچیان از طرف فرنگ رسیدند و پسر امیر مراد که از
قیاصره روم بود و بقید ایشان اسیر شده بیاوردند و بوسیله ارکان دولت عز اعتراز زمین بوس استسعاد یافته صورت
هواخواهی امرای خویش بعرض استادگان پایه سریر اعلی رسانیدند عواطف پادشاهانه ایشان را نوازش نموده

zukommen. Nur die Ankunft eines kleinen Kreuzfahrerheeres, das unter der Leitung des Grafen Amadeo von Savoyen stand – ein Neffe der Kaiserinmutter Anna von Savoyen und damit ein Vetter des Kaisers – rettete Johannes vor bulgarischer Gefangenschaft und brachte kurzfristig militärische Entlastung. Amadeo konnte zwar einige kleinere Erfolge erringen, die Lage aber nicht grundsätzlich ändern.

So sah Johannes V. schließlich keinen anderen Ausweg, als den Versuch einer Kirchenunion noch einmal zu forcieren. 1367 kam es zu einem Treffen mit päpstlichen Emissären in Konstantinopel, bei dem ein ökumenisches Konzil in der byzantinischen Hauptstadt vereinbart wurde, was der Papst aber ablehnte. Um die Hilfe aus dem Westen zu retten, brach nun Kaiser Johannes V. 1369 nach Rom auf – der erste Herrscher seit Konstans II. im 7. Jahrhundert, der Italien besuchte, allerdings diesmal nicht an der Spitze einer Armee, sondern als Bittsteller, der außer leeren Gesten nichts vorweisen konnte.

In einer feierlichen Zeremonie trat Johannes V. zum römischen Glauben über. Aber was nutzte das, da die byzantinische Kirche dem Beispiel ihres Kaisers nicht folgte, sondern sich weiter ablehnend verhielt? Um wenigstens etwas zu gewinnen, reiste Johannes V. im folgenden Jahr weiter nach Venedig, wo er im Austausch gegen die strategisch wichtige Insel Tenedos, die nahe dem Ausgang der Dardanellen in die Ägäis lag, einige Schiffe und eine größere Geldsumme erhielt. Aber auch hier hatte er keinen Erfolg, denn sein Sohn Andronikos, der in der Zwischenzeit als Regent in Konstantinopel amtierte, lehnte es ab, die Zusage zu erfüllen, so dass Johannes in Venedig festsaß, bis sein jüngerer Sohn Manuel, der in Thessalonike als Statthalter regierte, ihn freikaufte. Erst 1371 kehrte Johannes V. nach Konstantinopel zurück, ohne den geringsten Erfolg erzielt zu haben.

Bei der Rückkehr des Kaisers war die Lage noch schwieriger als zur Zeit seiner Abreise, denn im September 1371 hatten die Osmanen an der Marica die Serben vernichtend geschlagen. Byzanz und Bulgarien entgingen der Unterwerfung nur durch die formelle Anerkennung der osmanischen Oberhoheit.

Aber sogar in dieser verzweifelten Situation kam es in Byzanz selbst zu inneren Auseinandersetzungen, denn Andronikos erhob sich gegen seinen Vater, der sich zu dieser Zeit im Feldlager des türkischen Sultans aufhielt. Zusammen mit einem Sohn des Sultans rebellierte er, allerdings ohne Erfolg. Murad I. schlug den Aufstand mühelos nieder, ließ seinen Sohn blenden und verlangte auch von Johannes dieselbe Strafe für dessen Sohn. Allerdings wurde die Blendung nur nachlässig durchgeführt, so dass Andronikos sein Augenlicht nicht völlig verlor. Immerhin wurde er als Mitkaiser zugunsten seines jüngeren Bruders Manuel abgesetzt.

Aber auch dies war noch nicht das Ende, denn mit Hilfe der Genuesen konnte Andronikos flie-

Murad I., Sultan der nach Westen expandierenden Osmanen, trat 1389 in der Schlacht auf dem Amselfeld gegen ein Heer der christlichen Balkanreiche an. Der Sultan selbst fiel in der Schlacht (Manuskript-Illumination aus der Chronik des Jean Froissart, frühes 15. Jahrhundert), aber die serbischen Fürsten mussten die Oberhoheit der Osmanen anerkennen.

Der zentralasiatische Eroberer Timur Lenk (persische Miniatur: beim Empfang einer Gesandtschaft) machte zu Beginn des 15. Jahrhunderts in Anatolien den Osmanen Konkurrenz, was eine Entlastung für das Byzantinische Reich bedeutete.

1402 unterlag in der Schlacht von Ankara das osmanische Heer Sultan Bajezids I. den Truppen Timurs. Bajezid geriet in Gefangenschaft. Eine Buchmalerei von 1600 zeigt, wie der Osmane zum mongolischen Herrscher gebracht wird.

hen und dann von dem genuesischen Vorort Galata aus Konstantinopel einnehmen und Johannes V. und Manuel gefangen setzen. Als Preis für ihre Hilfe überließ Andronikos die Insel Tenedos den Genuesen, die allerdings an ihrer Eroberung scheiterten. Johannes V. und Manuel wiederum wurden von den Venezianern unterstützt, mit deren Hilfe beide ihrerseits fliehen und schließlich die Hauptstadt zurückgewinnen konnten. Begünstigt wurde dies dadurch, dass der türkische Sultan sich für sie entschied und sie unterstützte. Der Preis waren erneute jährliche Tributzahlungen und Heeresfolge. Außerdem musste Johannes V. wiederum Andronikos als Mitkaiser und Nachfolger anerkennen. Die Kämpfe zwischen beiden gingen trotzdem weiter, bis Andronikos 1385 starb.

Zu dieser Zeit gebot Byzanz außer über Konstantinopel noch über einige Städte am Marmarameer, Thessalonike und das Despotat Mystras auf der Peloponnes, das langsam die lateinischen Staaten auf der Halbinsel aufsog, aber trotzdem nur eine Macht von allenfalls lokaler Bedeutung war, deren Existenz im Endeffekt von der Gnade der Osmanen abhing. Der endgültige Untergang des Byzantinischen Reiches schien nur noch eine Frage von wenigen Jahren, wenn überhaupt, zu sein.

Nun wandten sich die Osmanen gegen Serbien und nahmen Sofia und Niš ein. 1387 eroberten sie das byzantinische Thessalonike und intensivierten ihre Offensive. Die Bulgaren wurden endgültig zur Unterwerfung gezwungen, und 1389 kam es auf dem Amselfeld (Kosovo Polje) zu einer großen Schlacht, in der zwar Sultan Murad I. selbst fiel, die Serben aber trotzdem vernichtend geschlagen wurden. Der serbische Fürst Lazar und sein Gefolge gerieten in Gefangenschaft und wurden hingerichtet. Auch die Serben mussten jetzt die osmanische Oberherrschaft anerkennen. Die Schlacht auf dem Amselfeld zählt bis heute zu den großen Mythen der serbischen Geschichte. Auch wenn der Ort der Schlacht selbst nicht zum heutigen Serbien gehört, wird die Schlacht immer noch von vielen Serben als ein nationales, identitätsstiftendes Ereignis angesehen.

Schon 1396 hatten christliche Kreuzfahrer bei Nikopolis (heute Bulgarien) unter der Führung von König Sigismund von Ungarn im Kampf gegen den Osmanen eine vernichtende Niederlage erlitten (Ölgemälde, um 1450). Bei Varna (ebenfalls heute Bulgarien) unterlagen 1444 christliche Kämpfer erneut einem osmanischen Heer.

In Byzanz gingen die inneren Kämpfe weiter. Gegen Johannes V. erhob sich jetzt Johannes VII., der Sohn des Andronikos, und konnte vorübergehend Konstantinopel einnehmen. Aber entscheidend für jeden innerbyzantinischen Erfolg war die Unterstützung des Sultans, die sich Manuel sichern konnte, der sich zur Heeresfolge im osmanischen Feldlager befand, als der neue Sultan Bajezid I. das byzantinische Philadelpheia am Mäander in Westkleinasien eroberte. Als Johannes V. 1391 starb, eilte Manuel nach Konstantinopel und bestieg als Manuel II. den Kaiserthron.

Unterdessen schritten die Eroberungen der Osmanen weiter fort. 1393 nahmen ihre Streitkräfte die bulgarische Hauptstadt Trnovo ein und drangen bis zur unteren Donau vor. Auch im Süden waren sie aktiv: Die Peloponnes wurde von ihnen angegriffen und schwer geplündert, und über Konstantinopel wurde eine Blockade verhängt, um die Stadt auf diese Weise zur Übergabe zu zwingen, denn auch wenn Byzanz selbst nur noch ein Schatten seiner einstigen Größe war, so flößten die Befestigungsanlagen seiner Hauptstadt doch immer noch Respekt ein.

Diese Erfolge weckten schließlich auch das Abendland, vor allem, weil jetzt auch das Königreich Ungarn in den Fokus der Osmanen geriet. Ungarn war durch König Sigismund, einen Sohn Karls IV. und Bruder Wenzels, eng mit dem deutschen Reich verbunden, und sein Hilferuf fand im Westen stärkere Beachtung als zuvor die byzantinischen. 1396 formierte sich eine starke Armee, die sich nicht nur aus Ungarn, sondern auch aus französischen Rittern und Teilnehmern anderer Nationen zusammensetzte. Zugleich entsandte Venedig eine Flotte, die die Dardanellen und den Bosporus sperren sollte. Aber jetzt zeigte sich, dass die militärische Stärke der Türken weitaus größer war als selbst diejenige der abendländischen Ritter. Am 25. September 1396 wurde das Kreuzzugsheer bei Nikopolis an der Donau vernichtend geschlagen. Sigismund selbst konnte sich mit Mühe retten und kehrte schließlich über Konstantinopel in seine Heimat zurück.

Damit schien das byzantinische Schicksal besiegelt. Konstantinopel war blockiert und stand kurz vor dem Fall, die byzantinische Peloponnes sah einen erneuten Einfall und wurde wiederholt geplündert. Aus dem Westen war keine Hilfe zu erwarten, und allgemein war die Meinung vorherrschend, dass Byzanz endgültig verloren war.

Die Offensive Timurs bringt kurzfristig Entlastung

Die Rettung für Byzanz kam völlig unerwartet und unvorhersehbar nicht aus dem Westen, sondern aus der entgegengesetzten Himmelsrichtung. In Zentralasien war nach dem Zerfall des Mongolenreiches ein Machtvakuum eingetreten, in dem viele kleinere Mächte sich gegenseitig bekämpften, ohne dass eine sich durchzusetzen vermochte. Erst in der zweiten Hälfte des 14. Jahrhunderts gelang es dem genialen zentralasiatischen Feldherrn Timur Lenk (Tamerlan), von Transoxanien (heute überwiegend Usbekistan) aus ein großes Reich zu formen, das im Norden bis Südrussland, im Osten bis an die Grenzen Chinas, im Süden bis Indien und im Westen bis an die Grenzen Anatoliens reichte. Da auch die Osmanen hier ihre Macht auszudehnen versuchten, kam es zum Zusammenstoß zwischen Bajezid I. und Timur Lenk.

Bajezid hob die Blockade Konstantinopels auf und zog mit seinem ganzen Heer gegen den nach Kleinasien eingefallenen Timur Lenk. 1402 kam es bei Ankara zu einer großen Schlacht, in der die Osmanen unterlagen und Bajezid selbst in Gefangenschaft geriet, aus der er nicht mehr freikommen sollte. Timur Lenk stieß bis an die Küste der Ägäis vor und plünderte die ganze Region aus, ehe er 1403 wieder nach Osten in seine Hauptstadt Samarkand zurückkehrte. Nach seinem Tod 1405 zerfiel das von ihm geschaffene Großreich schnell, und auch die Osmanen gewannen ihre Handlungsfreiheit zurück. Aber nach dem unverhofften Ausfall Bajezids kam es zum Kampf um das Sultanat. In diesem Bürgerkrieg unterstützte Byzanz Bajezids ältesten Sohn Süleiman, der über die europäischen Teile des Osmanenreiches gebot, für seine Unterstützung den byzantinischen Kaiser aus dem Vasallenverhältnis entließ und ihm sogar Thessalonike und einige andere Küstenregionen und Inseln zurückgab. Allerdings unterlag Süleiman nach längeren Kämpfen 1411 seinem Bruder Musa, der zur Vergeltung sogar Konstantinopel selbst angriff, aber wiederum seinerseits von Mehmed I., einem weiteren Sohn Bajezids, geschlagen wurde. Mehmed I. hatte kein Interesse an weiteren militärischen Unternehmungen, sondern konzentrierte sich darauf, das angeschlagene Osmanenreich zu konsolidieren. Seine Herrschaft (1413–1421) bedeutete für Byzanz eine kurze Friedensphase, die es Kaiser Manuel II. sogar gestattete, Konstantinopel zu ver-

1438 schloss Kaiser Johannes VIII. Palaiologos (1425–1448) beim Konzil von Ferrara eine Kirchenunion mit der römischen Kirche. Er hoffte, sich auf diese Weise die Hilfe des lateinischen Westens gegen die Osmanen zu sichern. Ein Fresko des Künstlers Benozzo Gozzoli von 1459/1461 im Palazzo Medici Riccardi in Florenz stellt Johannes als einen der Heiligen Drei Könige dar, die in Bethlehem einziehen.

lassen und das byzantinische Despotat Mystras auf der Peloponnes zu besuchen. Dort stellte er das Hexamilion, eine große Befestigung am Isthmus von Korinth, die von den Osmanen einige Jahre zuvor zerstört worden war, wieder her und festigte die Autorität des Kaisertums in der Provinz.

Niedergang: verzweifelte Suche nach Unterstützung

Mit dem Tod Mehmeds I. 1421 endete diese kurze friedliche Periode. Mehmeds Nachfolger Murad II. (1421–1451) nahm die aggressive Politik Bajezids I. wieder auf, wozu auch beitrug, dass Byzanz einen erfolglosen Usurpationsversuch gegen ihn unterstützt hatte. Im Sommer 1422 zog er gegen Konstantinopel und versuchte, die byzantinische Hauptstadt im Sturm einzunehmen, war aber gegen die immer noch imposanten Befestigungen nicht erfolgreich und musste sich schließlich wieder zurückziehen, um einen weiteren Usurpationsversuch niederzuschlagen. Konstantinopel blieb zunächst von weiteren Angriffen verschont. Dafür wandte der Sultan sich wiederum gegen das Despotat von Mystras. Das erst kurz zuvor von Manuel II. wiederaufgebaute Hexamilion wurde von den Türken durchbrochen und die Provinz verwüstet. Erst ein neuer Friedensvertrag, in dem der byzantinische

Der osmanische Sultan Mehmed II. begann im Frühjahr 1453 mit der Belagerung Konstantinopels (osmanische Miniatur, 15. Jahrhundert).

Kaiser sich wieder zum Vasallen des Sultans erklärte, vermochte es, die Intensität des osmanischen Drucks für eine kurze Zeit zu verringern.

Aber in Byzanz selbst verzweifelte man an der Frage, wie man sich gegen die Türken behaupten könne. Die einzige denkbare Hilfe schienen immer noch die Lateiner zu sein, so dass der Gedanke einer Kirchenunion ein weiteres Mal erwogen wurde. Aber man ging noch darüber hinaus. Da es keine Aussicht zu geben schien, Thessalonike auf Dauer zu halten, wurde die Stadt 1423 den Venezianern überlassen, denen man es eher zutraute, die Bevölkerung über das Meer zu versorgen. Aber auch Venedig war gegen die Türken machtlos. 1430 griff Murad II. persönlich Thessalonike an und eroberte die Stadt im Sturm.

Die Kirchenunion, so unpopulär sie in Byzanz auch war, blieb die einzige Lösung. Nach längeren

Verhandlungen kam man überein, ein allgemeines ökumenisches Konzil einzuberufen, das die strittigen Fragen ein für allemal klären und die Kirchenunion beschließen sollte. 1437 brach Kaiser Johannes VIII. selbst zusammen mit dem Patriarchen Joseph und einer Reihe hochrangiger Kleriker nach Italien auf, wo 1438 in Ferrara das Konzil eröffnet wurde. Nach langen Verhandlungen wurde die Union im folgenden Jahr auf der Abschluss-Sitzung in Florenz feierlich verkündet. Der Kaiser trat in eigener Person zum römischen Glauben über, sein Patriarch tat desgleichen, starb aber noch während des Konzils.

Dieser Aufenthalt des Kaisers in Ferrara und Florenz fand in Italien große Beachtung und auch einen künstlerischen Niederschlag. Als die Medici knapp 30 Jahre später in Florenz den Palazzo Medici Riccardi bauten, wurde in ihm auch eine Palastkapelle eingerichtet, die mit einem großen Fresko geschmückt wurde, das unter anderem den Einzug der Heiligen Drei Könige nach Bethlehem zeigte. Vorbild für zwei der einziehenden Reiter waren der byzantinische Patriarch Joseph I. und Kaiser Johannes VIII. Palaiologos. Das vor kurzem glänzend restaurierte Fresko ist auch heute noch zu sehen und beeindruckt den Betrachter immer noch. Freilich handelt es sich nicht um lebensechte Porträts, sondern um idealisierte und phantastisch geschmückte Personen, die in einer idealisierten Landschaft einherziehen. Aber trotzdem zeigt das Fresko, dass die Erinnerung an den Aufenthalt des byzantinischen Kaisers in Florenz auch 30 Jahre später noch lebendig war.

Die tatsächlichen Ergebnisse standen dazu freilich in einem traurigen Gegensatz, denn keine von beiden Seiten konnte die von ihr geweckten Erwartungen erfüllen. Die Kirchenunion war in der byzantinischen Bevölkerung nach wie vor nicht durchsetzbar, und der Papst sah sich seinerseits nicht in der Lage, eine substantielle Hilfe auf die Beine zu stellen. Schlimmer noch, in der orthodoxen Welt wurde der Übertritt des Kaisers und seines Patriarchen zum römischen Glauben als Verrat empfunden, der Byzanz auch des Rückhalts von dieser Seite beraubte, eines Rückhalts, der militärisch freilich nicht von Belang war.

Trotzdem schien es immer noch einen Hoffnungsschimmer zu geben. Anfangs der 1440er Jahre hielt sich Sultan Murad II. in Kleinasien auf, und diese Gelegenheit wurde von verschiedenen Balkanmächten ergriffen, um mit Unterstützung des Westens die Osmanen zurückzudrängen. Eine Koalition unter Führung Władysławs III., des Königs von Ungarn und Polen, des Woiwoden von Transsylvanien, Johannes Corvinus-Hunyadi, und des serbischen Fürsten Georg Branković, die vom Papst unterstützt wurde, konnte die Osmanen in mehreren Schlachten schlagen und Murad sogar zu einem zehnjährigen Waffenstillstand bewegen, der 1444 geschlossen wurde und den christlichen Balkanmächten zumindest eine gewisse Atempause gewährte.

Aber auch in diesem Fall ist wieder eine erstaunliche Fehleinschätzung der tatsächlichen Kräfteverhältnisse zu konstatieren. In Rom war man mit dem Erreichten unzufrieden, da man gehofft hatte, die Osmanen ganz aus Europa zu vertreiben. So löste der Papst den ungarischen König von dem Eid, mit dem der Vertrag bekräftigt worden war, und brachte ihn dazu, den Krieg wiederaufzunehmen. Für Zuversicht sorgte die Tatsache, dass Venedig sich verpflichtete, mit seiner Flotte einen Übergang des türkischen Heeres von Kleinasien nach Europa zu verhindern. Jedoch misslang dies kläglich, und im November 1444 wurde das christliche Heer bei Varna völlig vernichtet, der König selbst fiel. In den folgenden Jahren konnte Murad sich gegen seine verbliebenen Gegner durchsetzen, auch die byzantinische Peloponnes wurde im Winter 1446/47 erbarmungslos verwüstet. Dagegen hielt Murad einen Angriff auf Konstantinopel offensichtlich nicht für opportun. Vielleicht dachte er auch, dass ihm die Stadt ohnehin über kurz oder lang zufallen würde.

Das Ende: Die Osmanen erobern Konstantinopel

1448 starb Johannes VIII., und sein Bruder Konstantin XI. wurde sein Nachfolger. 1451 folgte auf Murad sein Sohn Mehmed II., der zum Zeitpunkt seines Herrschaftsantritts 19 Jahre zählte und sofort damit begann, den Angriff auf die byzantinische Hauptstadt vorzubereiten. Zunächst ließ er auf dem europäischen Ufer des Bosporus die Festung Rumeli Hissar errichten, die zusammen mit ihrem Pendant auf der kleinasiatischen Seite (Anadolu Hissar) jeglichen Schiffsverkehr zum und vom Schwarzen Meer unterbinden und damit Konstantinopel auch von Lebensmittellieferungen aus dem Schwarzmeerraum abschneiden konnte.

Es war damit klar, dass der Sultan beabsichtigte, die Stadt baldmöglichst zu erobern. Hilfe dagegen war, wenn überhaupt, nur aus dem Westen zu erhoffen, und so entschloss der Kaiser sich ein wei-

Der letzte Kaiser von Byzanz: Konstantin XI. Palaiologos hatte erst 1448 den Thron bestiegen. Er starb am 29. Mai 1453 bei der Einnahme Konstantinopels (Denkmal für Konstantin auf dem Mitropoleos-Platz in Athen).

teres Mal dazu, gegen entsprechende Unterstützung die Kirchenunion anzubieten. Aber die Meinung dazu war in der Stadt geteilt. Viele Byzantiner waren so realistisch, dass sie die Herrschaft der Türken einer Fortsetzung des nutzlosen Widerstands vorzogen. Der byzantinische Würdenträger Lukas Notaras soll in dieser Situation den berühmten Spruch geprägt haben, dass „lieber der türkische Turban in der Stadt herrsche als der Hut des Lateiners". Mag diese Sentenz auch erfunden sein, so spiegelt sie doch die herrschende Meinung in Konstantinopel wider. Zudem waren die Türken zwar muslimisch, aber sie respektierten die christliche Religion, einerlei welcher Richtung, während die Lateiner die vollständige Unterwerfung der Griechen unter den römischen Papst forderten, so dass die byzantinische Kirche in gewisser Weise unter den Türken sogar bessere Bedingungen erwarten konnte als unter den Lateinern. So kam es zwar in der Hagia Sophia zu einer feierlichen Messe, in der der Patriarch und der Legat des Papstes die Union verkündeten. Aber durchgesetzt war sie damit noch lange nicht, und die Hilfe aus dem Westen blieb, wie nicht anders zu erwarten, aus. Byzanz war auf sich allein gestellt.

Im Frühjahr 1453 war es so weit. Der Sultan erschien mit einer großen Armee vor den Mauern Konstantinopels. Das Kräfteverhältnis war annähernd zehn zu eins. Um die Mauern zu bezwingen, hatte Mehmed einen ungarischen Kanonengießer engagiert, der angeblich mehr Geld vom Sultan erhielt, als man ihm in Byzanz hätte bieten können. Mit den von ihm gegossenen Kanonen wurde die Mauer schwer beschädigt. Auf dem Meer gelang es Mehmed, die große Kette, die das Goldene Horn zwischen Konstantinopel und der neutralen genuesischen Vorstadt Galata sperrte, zu umgehen, indem er Schiffe vom Bosporus über den Bergrücken in das Goldene Horn ziehen ließ.

Die byzantinische Verteidigung wurde durch unaufhörliche Angriffe ausgehöhlt. Am 29. Mai, einem Dienstag, der in Griechenland daher bis heute als Unglückstag gilt, begann der Generalangriff. Die Mauern wurden durchbrochen, Kaiser Konstantin XI. selbst fiel im Kampf, und die Türken nahmen die Stadt ein, die der Sultan mehrere Tage lang plündern ließ. Die Hagia Sophia wurde zur Moschee. Allerdings überließ man den Griechen zumindest für einige Zeit die Apostelkirche, in der die meisten byzantinischen Kaiser ihre Grabstätte gefunden hatten. 1461 wurde auch sie von den Osmanen beschlagnahmt, die an ihrem Platz eine weitere große Moschee erbauten.

Das Despotat von Mystras auf der Peloponnes überlebte den Fall Konstantinopels nur um wenige Jahre. 1460 wurde es von Osmanen eingenommen. Ein Jahr später fiel auch das Kaiserreich von Trapezunt, das im Nordosten Kleinasiens eine kleine Lokalmacht gewesen war, die allerdings nie nach außen hin in Erscheinung getreten war. Damit hatten die letzten Reste des Byzantinischen Reiches ihr Ende gefunden.

Prof. Dr. Ralph-Johannes Lilie, geb. 1947, lehrte bis 2005 Byzantinistik an der Freien Universität Berlin.

Istanbul als postbyzantinische Stadt

Was von Byzanz blieb

Christoph K. Neumann

Lange Zeit nach der Eroberung durch die Osmanen lebte Byzanz in Istanbul fort – zum Beispiel dadurch, dass die orthodoxen Patriarchen nun vom Sultan ernannt wurden. Erst die Entstehung der Nationalstaaten Griechenland und Türkei, begleitet von Krieg und Vertreibung, löschte die Spuren des alten Byzanz weitgehend aus.

Die Hagia Sophia, über viele Jahrhunderte Krönungskirche der byzantinischen Kaiser und Kathedrale des Ökumenischen Patriarchats, wurde 1453 nach dem Fall Konstantinopels zur Moschee umgewidmet. Seit 1934 ist sie ein Museum.

Manche Gebäude müssen Geduld haben. Seit einem halben Jahrhundert wird immer wieder diskutiert, ob die Hagia Sophia nicht erneut als Moschee in Dienst genommen werden sollte. Politiker und Historiker nationalistisch-religiöser Überzeugung betonen immer wieder, es sei an der Zeit, in diesem Gebäude endlich wieder das Freitagsgebet abzuhalten. Die *Ayasofya,* wie die alte Kirche auf Türkisch genannt wird, weine, erklärte beispielsweise der Imam der Sultan-Ahmed-Moschee gleich gegenüber in seiner Predigt zum Opferfest Ende 2013. Als Moschee werde sie wieder glücklich lächeln. Manche behaupten gar, der Erlass, der sie einst in ein Museum umwandelte, sei ungültig – sei es, weil die Unterschrift des Staatsgründers und Präsidenten Kemal Atatürk gefälscht, sei es, weil dieser Erlass niemals im Staatsanzeiger zur Veröffentlichung gekommen sei.

Ob aus der Hagia Sophia wieder ein Gotteshaus in praktischem Gebrauch wird, ist weiterhin ungeklärt. Die Hartnäckigkeit der Diskussion aber beweist, wie wenig vergangen Byzanz in der Stadt ist, die einmal die Hauptstadt dieses Reiches war. Dabei ist durchaus zu fragen, ob Byzanz tot ist und die Leute sich bloß vor seiner Auferstehung fürchten oder ob tatsächlich noch etwas Byzantinisches im heutigen Istanbul fortlebt.

Jahrhundertelang wäre die Antwort auf die Frage außerordentlich leicht gefallen. Natürlich bedeutete der 29. Mai 1453 einen historischen Bruch, als die osmanischen Truppen durch eine Bresche am Romanos-Tor, dem heutigen Topkapı, in die Stadt stürmten. Ein tiefer Einschnitt, und die Stadt wurde zu einer islamischen Metropole. In der Hagia Sophia wurde noch am selben Tag ein islamisches Gebet gehalten, die Dynastie der Palaiologen war am Ende.

Schon am Tag der Eroberung nutzten die Muslime die Hagia Sophia als Gebetsort. Die Darstellung zeigt Betende um das Jahr 1905.

Von nun an war der Islam die dominante Religion. Es herrschten die Osmanen. Und Türkisch war die Hauptsprache in Verwaltung und Staat (Arabisch spielte ebenfalls eine wichtige Rolle, aber auch auf Griechisch wurden weiter Dokumente verfasst). Persische Ästhetik und Administration, arabisches Recht, islamische Doktrin und zentralasiatisch-türkische Staatsvorstellungen bildeten den neuen Rahmen der Politik.

Auch die Osmanen knüpfen an das römische Imperium an

Und dennoch: Auch die Osmanen bezeichneten sich als Römer, als „Rumî". Insofern stellten sie sich ganz in die Tradition der Byzantiner. Das osmanische Istanbul trug viele Namen, eben „Istanbul", daneben das propagandistische „Islambol" (was so viel heißt wie „mit viel Islam"), vor allem später „Dersaadet" („Tor der Glückseligkeit"), aber eben auch, bis ganz zum Ende des Osmanischen Reiches, „Kostantiniye", was nichts anderes ist als die türkische Form der arabischen Version von „Konstantinopel". Das Osmanische Reich war auch, unter anderem, ein drittes Rom.

Dieses Osmanische Reich unterschied sich von anderen islamischen Reichen in vielerlei Hinsicht, auch und gerade, wenn es um Nicht-Muslime ging. In allen islamischen Herrschaften waren Christen und Juden akzeptierte Untertanen. Sie waren zwar unterprivilegiert, genossen aber den Schutz des Herrschers und damit innerhalb ihrer Gemeinschaften eine gewisse Autonomie. Aber nur die Osmanen, und eben erst seit der Zeit nach der Eroberung Istanbuls, machten aus christlichen Kirchen staatliche Institutionen. Mehmed II., der Eroberer, ernannte schon ein Jahr nach der Einnahme den Mönch Gennadios zum Haupt der orthodoxen Gemeinde, zum Patriarchen. Damit tat er genau, was auch ein byzantinischer Kaiser getan hätte. Die orthodoxe Kirche wurde zur osmanischen staatlichen Institution. Nicht nur der Patriarch wurde vom Sultan ernannt, sondern auch Metropoliten und Bischöfe.

Die Integration der orthodoxen Kirche in die politischen Strukturen des Osmanischen Reiches stabilisierte natürlich auch die osmanische Herrschaft. Deswegen wurden später auch andere nicht-muslimische Gemeinschaften, allen voran die armenisch-apostolische Kirche, mit entsprechenden Strukturen ausgestattet. Dennoch war dieses Arrangement zugleich sehr im Interesse der Kirche selbst. Ihre Stiftungen wurden im Großen und Ganzen geschützt, und das Leben in Klöstern und Kirchen ging weiter. Auch die Ausbildung von Priestern wurde fortgeführt. Es ist sogar möglich zu argumentieren, dass ohne die Eroberung Konstantinopels die orthodoxe Kirche, zu einer Union mit der römisch-katholischen gezwungen, weitaus schlechtere Zukunftsaussichten gehabt hätte als unter den Bedingungen, die sie unter den Osmanen vorfand.

Dennoch ist natürlich wahr, dass es das Patriarchat in der Stadt nicht immer einfach gehabt hat. Patriarchatskirche war zunächst der zweitgrößte byzantinische Bau, die berühmte Apostelkirche, die ja auch auf Konstantin zurückging. Aber schon 1455 musste diese geräumt werden, denn Mehmed der Eroberer wollte auf dem Gelände seine eigene Moschee errichten. Noch drei weitere Male musste das Patriarchat umziehen. Den heutigen Standort, die Georgskirche im Viertel Fener, benutzt es seit 1602.

Die von 1609 bis 1616 errichtete Sultan-Ahmed-Moschee wird wegen der zahlreichen beim Bau verwendeten blau-weißen Fliesen auch als Blaue Moschee bezeichnet. Seit der Säkularisierung der Hagia Sophia ist sie in Istanbul das wichtigste Gotteshaus der Muslime.

Ähnliches gilt für die orthodoxen Kirchen der Stadt. Es gibt noch gut 90 orthodoxe Kirchen dort – wobei allerdings die russischen und bulgarischen Gemeinschaften mitgezählt sind, die dem Patriarchat nicht unterstehen. Keines dieser Gebäude aber stammt direkt aus der byzantinischen Zeit. Die byzantinischen Kirchengebäude, die noch stehen, sind entweder Moscheen oder haben, wie die Hagia Sophia, den Status eines Museums. Die heutigen Kirchen sind neuere Bauten – entweder anstelle von Vorgängerbauten errichtet oder auch auf neu zugewiesenem Grund. Die Regel, dass es in einem islamischen Land nur Reparaturen, keine Neubauten christlicher Gotteshäuser geben dürfe, wurde bei den Osmanen recht großzügig ausgelegt. Daran, wie diese Bauten ausgefallen sind, kann man auch ablesen, wie es der Gemeinde zu der jeweiligen Zeit gerade ging.

In zwei Welten zu Hause: die Oberschicht der „Phanarioten"

Große Prachtentfaltung, besonders nach außen hin, war im osmanischen Istanbul nur bei muslimischen Gotteshäusern erlaubt. Aber eine Kirche wie die Paraskeue-Kirche, die Karfreitagskirche, in Hasköy am nördlichen Ufer des Goldenen Horns ist ein Zeichen von Wohlstand und Selbstvertrauen. Stifter dieses rund 400 Quadratmeter großen Gebäudes war der Hospodar der Walachei Konstantinos Brankovanos. Hospodare waren von der sultanischen Regierung eingesetzte Herrscher der beiden Donaufürstentümer, der Moldau und der Walachei, des Kerns des heutigen Rumänien. Konstantinos Brankovanos war für lange Zeit einer der letzten dieser Hospodaren, die auch tatsächlich aus der Gegend stammten: Anfang des 18. Jahrhunderts begannen einige adlige Familien diese Ämter zu monopolisieren, die sich selbstbewusst auf byzantinischen Adel beriefen und in der Nähe des Patriarchats, im Stadtteil Fener („Phanar"), residierten.

Diese „Phanarioten", wie man sie nach ihrem Wohnort nannte, bildeten eine orthodoxe Oberschicht, die zugleich byzantinisch und osmanisch war und die unmittelbar an der Regierung des Reiches beteiligt war: Phanarioten verwalteten nicht nur die Donaufürstentümer, sondern führten als Dolmetscher die diplomatischen Geschäfte. Zugleich unterhielten diese Familien beste internationale Geschäftsbeziehungen.

Für die Verhältnisse eines untergegangenen Imperiums hat Byzanz also lange Zeit gar nicht so schlecht überlebt, ganz einfach, weil es als eine – dabei nicht unwesentliche – von vielen Traditionen in ein anderes Imperium, nämlich das der Osmanen, integriert worden war. Es lebte in der orthodoxen Kirche, in zumindest den gebildeten Schichten ihrer Gläubigen, in Gebäuden und in der Sprache. Es lebte aber auch, etwas verdünnt, in solchen Dingen wie dem Selbstverständnis des Sultans, der Steuergesetzgebung des Reiches, der Architektur und räumlichen Anordnung der Städte und dem Selbstverständnis der muslimischen Osmanen der türkischsprachigen Regionen des Reiches als „Rumî".

Als am Ostersonntag 1821 die Griechische Revolution gegen die osmanische Herrschaft ausbrach, ließ die Regierung den Patriarchen Gregor V. am Patriarchatsgebäude in Konstantinopel erhängen (Gemälde von Hugues Fourreau, 1826).

Den Todesstoß hat Byzanz erst die Moderne gegeben, markiert durch die Entstehung zweier Nationalstaaten: Griechenlands 1830 und ein knappes Jahrhundert später, 1923, der Türkei. Dass die Entstehung des griechischen Nationalstaats das byzantinische Erbe schädigte, erstaunt auf den ersten Blick. Das zunächst von einem bayerischen Wittelsbacher, dann von Glücksburgern regierte Königreich Griechenland war lange zu schwach, um glaubhaft als Nachfolger des Byzantinischen Reiches aufzutreten. Dennoch entstand in Athen ein zweites Zentrum der griechischen Welt, mit Nationaluniversität und vielen kulturellen Institutionen, die oft eher an die klassische Antike anknüpften als an das byzantinische Erbe. Das wurde eher an seinem Ort und seiner Stelle, eben in Istanbul, und durch das orthodoxe Patriarchat repräsentiert.

Es ergab sich eine paradoxe Situation: Auf der einen Seite formulierten griechisch-nationalistisch operierende Politiker die „Große Idee" *(megali idea)* – die Vereinigung aller „griechischen" Gebiete – und machten sie zum Ziel griechischer Politik. Gleichzeitig aber schwächten sie massiv die wichtigste Institution imperialen Maßstabs in ungebrochener byzantinischer Tradition, nämlich das Ökumenische Patriarchat. Schon 1833 erklärten sich die Diözesen auf dem Territorium des Königreichs Griechenland für „autokephal": für selbstverwaltend. Das Patriarchat, das diese Situation 1850 anerkennen musste, hatte im Königreich Griechenland nichts zu sagen.

Griechischer Unabhängigkeitskrieg: Vertrauen der muslimischen Elite ist verloren

Die orthodoxe Kirche war durch die griechische Nationalbewegung und die Entstehung des Nationalstaats zwischen alle Stühle geraten. Als 1821 der Aufstand ausbrach und in Istanbul überhaupt nicht klar war, was genau da eigentlich geschah,

Während des griechischen Freiheitskampfes gelang es den Aufständischen im Mai 1821, Athen in ihre Hand zu bringen. Die osmanische Besatzung hatte sich in der Akropolis verschanzt (Gemälde von Panagiotis Zografos, 1836).

Die westgriechische Küstenstadt Mesolongi wurde während des griechischen Unabhängigkeitskrieges zweimal von osmanischen Verbänden belagert und im Frühjahr 1826 eingenommen. Noch heute gehört die verlustreiche Verteidigung der Stadt zum Gründungsmythos der griechischen Nation. Der französische Maler Eugène Delacroix stellte „Griechenlands Untergang auf den Trümmern von Mesolongi" 1826 in einer Allegorie dar.

ließ die osmanische Regierung am Ostermorgen den Patriarchen vor der Tür des Patriarchats erhängen. Kirchliche Institutionen und politisch aktive Priester hatten zwar in den Jahrzehnten zuvor eine wichtige Rolle bei der Propagierung aufklärerischer Werte und moderner Erziehung unter den Orthodoxen gespielt; die Haltung der Kirche insgesamt aber war bestenfalls ambivalent. Trotzdem erfuhr sie das geballte Misstrauen der muslimischen Eliten des

Mehmed VI. war von 1918 bis 1922 der letzte Sultan des Osmanischen Reiches. Das Foto zeigt ihn bei einem seiner wenigen öffentlichen Auftritte vor der Absetzung im Jahr 1922.

Reiches. Dass heute so viele der orthodoxen Kirchen in Istanbul aus den frühen 1830er Jahren stammen oder damals gründlich neu renoviert wurden, hängt damit zusammen, dass während des griechischen Unabhängigkeitskrieges (auch „Griechische Revolution" genannt; 1821–1830) keinerlei Reparaturen mehr genehmigt wurden. Noch schlimmer erging es den Phanarioten, die aus allen Ämtern gejagt wurden. Viele verloren ihr Leben, eine deutlich größere Zahl von ihnen ihr Vermögen.

Vielleicht noch mehr als die Grausamkeiten des auf beiden Seiten außerordentlich erbarmungslos geführten Unabhängigkeitskrieges zerstörte eine weitere Veränderung das Vertrauen zwischen der osmanischen Regierung und ihren orthodoxen Untertanen. Sie versetzte auch der noch lebenden byzantinischen Kultur einen entscheidenden Schlag: die Ethnisierung der religiösen Gemeinschaften. Die Bezeichnung „griechisch-orthodox" bedeutete nicht mehr „Orthodoxe mit griechischsprachigem Ritus", sondern nun „Orthodoxe griechischer Volkszugehörigkeit". Die „Große Idee" war kein Projekt eines orthodoxen Imperiums, sondern das eines gesamtgriechischen Staates. Der Unterschied ist entscheidend; denn er lief darauf hinaus, dass alle Orthodoxen, wenn sie wirklich dazugehören wollten, Griechen zu sein hatten. Diesen Spagat hielt die Kirche nicht aus – im Lauf des 19. Jahrhunderts

kam es laufend zu ethnischen Spannungen, und eine bulgarische, sich selbst verwaltende („autokephale") Kirche entzog sich ebenfalls der Kontrolle des Ökumenischen Patriarchats.

Das Patriarchat erschien der osmanischen Regierung gegenüber immer mehr als Vertreter nationaler griechischer Interessen, auf die Griechen in Griechenland wirkte es aber wie ein Wahrer osmanischer Ansprüche. Als das Osmanische Reich im Ersten Weltkrieg unterging und 1919 griechische Truppen Westanatolien, die westlichen Alliierten aber Istanbul besetzt hatten, schien sich diese Spannung zu lösen: Die Griechen Istanbuls setzten darauf, dass die Stadt bald Kapitale eines großgriechischen Reiches sein werde.

Die Gründung der Türkei und die „ethnischen Säuberungen"

Wie man weiß, kam es dazu nicht. Der muslimische Widerstand in Anatolien setzte sich durch. Und als 1923 die Republik Türkei gegründet wurde, handelte es sich bei ihr, wie auch bei Griechenland, um einen Nationalstaat, aber nicht mehr um ein Imperium. Mit großer Härte zogen beide Regierungen die Konsequenzen: Der Bevölkerungsaustausch, bei dem alle Muslime Griechenlands in die Türkei und alle Griechisch-Orthodoxen Kleinasiens nach Griechenland umgesiedelt wurden, ist als eine von Staaten einvernehmlich betriebene „ethnische Säuberung" verstehbar. Die Griechen Istanbuls durften bleiben, auch das Patriarchat. Aber sie hatten in der Republik Türkei keinen richtigen Platz mehr.

Mustafa Kemal Pascha, genannt „Atatürk" (Foto: im März 1923 bei einer Rede in Mersin), gelang es 1922 als Oberbefehlshaber, die vordringenden Griechen zurückzuschlagen. Er wurde zum Gründer der modernen Türkei, die er am 29. Oktober 1923 ausrufen ließ.

Denn die verstand sich als Staat ausschließlich der Türken. Nicht-türkische Muslime, vor allem Kurden, versuchte das neue Regime zu assimilieren. Nicht-Muslime aber wurden in ihrem Spielraum massiv eingeengt: Dabei reichte die Palette von umfangreichen Berufsverboten bis zur Enteignung von Stiftungen oder der Schließung des Priesterseminars auf der Prinzeninsel Heybeliada (auf Griechisch: Halki). Die Schutzvorschriften des Friedensvertrags von Lausanne (1923), die neben den Orthodoxen Armenier und Juden, nicht aber kleinere Gruppen wie die syrischen Christen (*Süryani*) betreffen, wurden unterlaufen und ausgehöhlt.

Dazu kamen Einschüchterungs- und Terrormaßnahmen: eine Sondersteuer, die 1942 die an-

Im Januar 1923 einigten sich Griechenland und die Türkei auf einen sogenannten Bevölkerungsaustausch. Rund 1,6 Millionen Menschen waren davon betroffen – etwa 400 000 griechische Muslime mussten in die Türkei übersiedeln, und etwa 1,2 Millionen Griechen hatten Kleinasien zu verlassen. Sie wurden in Lagern wie diesem in Athen vorübergehend untergebracht.

Die Hagia Triada ist heute die größte griechisch-orthodoxe Kirche in Istanbul und wird von der kleinen in der Stadt verbliebenen griechischen Minderheit genutzt. Sie wurde von 1876 bis 1880 erbaut.

geblichen, interessanterweise ausnahmslos nichtmuslimischen „Notwirtschaftsgewinner" um ihr Vermögen brachte; ein am 6. und 7. September 1955 während einer Zypern-Krise von der Regierung unter der Hand organisiertes Pogrom, das neben Toten und Verletzten eine großflächige Zerstörung griechischer Geschäfte zur Folge hatte; und in den 1960er Jahren die systematische Ausweisung aller Griechen Istanbuls, die einen griechischen Pass besaßen – viele von ihnen waren seit Generationen in der Stadt ansässig.

Heute leben nur noch wenige tausend Orthodoxe mit türkischem Pass in Istanbul; und viele von ihnen stammen aus der südöstlichen Provinz Hatay,

gehörten also ursprünglich zum Bereich des Patriarchen von Antiochia, der allerdings außerhalb der Türkei residiert. Die beeindruckenden Schulbauten, die von der Kirche und aus Spenden reicher orthodoxer Kaufleute im 19. Jahrhundert errichtet wurden, stehen weitgehend leer.

Für viele Türken steht der Begriff „Byzanz“ heute für Verrat

In der türkischen Öffentlichkeit aber ist Byzanz ein Reizwort. Es wird assoziiert mit Intrigen, Unmoral und Verrat. Byzanz ist weitestgehend tot, eine Auferstehung nur dann denkbar, wenn Istanbul sich aus dem Zeitalter des Nationalismus verabschieden und sich als Metropole der Weltkultur neu definieren würde. Ansätze dafür gibt es, aber die kulturelle Ideologie, wie sie aktuell von der türkischen Regierung praktiziert wird, führt zu einem unmöglichen Spagat: Auf der einen Seite beansprucht die damit verbundene Politik das osmanische Erbe und artikuliert auch Sympathie für die kulturelle Vielfalt des alten Istanbul. Andererseits bedient sie die Bedürfnisse einer Identität, in der Zugehörigkeit zum sunnitischen Islam und türkischer Nationalismus ineinanderfließen. Im Zweifelsfall fällt dabei immer

Das Museum „Panorama 1453“ im Istanbuler Topkapı-Stadtpark zeigt in einer aufwendigen Inszenierung die Eroberung Konstantinopels durch die Osmanen.

die Entscheidung für den religiösen Nationalismus. Der Abriss der alten, auf Byzanz zurückgehenden Stadtmauern steht nicht mehr, wie vor Jahrzehnten, zur Diskussion. Aber sie werden neu umgedeutet, als ein Monument der türkischen Eroberung der Stadt – und in einem Panorama-Museum wird diese Eroberung multimedial und groß gefeiert. Möglicherweise ist die Hagia Sophia doch bald wieder eine Moschee.

Istanbul heute: Blick von der Blauen Moschee aus nach Nordosten zur Hagia Sophia.

Prof. Dr. Christoph K. Neumann, geb. 1962, lehrt Turkologie an der Ludwig-Maximilians-Universität München.

Herrscherliste

1. Kaiser des Oströmischen Reiches

(teilweise des gesamten Römischen Reiches)

324 – 337 **Konstantin I.** (der Große)
337 – 340 **Konstantin II.**
337 – 350 **Konstans I.**
337 – 361 **Konstantios**
361 – 363 **Julian**
363 – 364 **Jovian**
364 – 378 **Valens**
379 – 395 **Theodosius I.**
395 – 408 **Arkadios**
408 – 450 **Theodosius II.**
450 – 457 **Markian**
457 – 474 **Leon I.**
474 **Leon II.**
474 – 475 **Zenon**
475 – 476 **Basiliskos**
476 – 491 **Zenon** (nochmals)
491 – 518 **Anastasios I.**
518 – 527 **Justin I.**
527 – 565 **Justinian I.**

2. Byzantinische Kaiser

565 – 578 **Justin II.**
578 – 582 **Tiberios I.** Konstantinos
582 – 602 **Maurikios**
602 – 610 **Phokas**
610 – 641 **Herakleios**
641 **Konstantin III.** und **Heraklonas**
641 **Heraklonas**
641 – 668 **Konstans II.**
668 – 685 **Konstantin IV.**
685 – 695 **Justinian II.**
695 – 698 **Leontios**
698 – 705 **Tiberios II.**
705 – 711 **Justinian II.** (nochmals)
711 – 713 **Philippikos** Bardanes
713 – 715 **Anastasios II.**
715 – 717 **Theodosios III.**
717 – 741 **Leon III.**
741 – 775 **Konstantin V.**
775 – 780 **Leon IV.**
780 – 797 **Konstantin VI.**
797 – 802 **Eirene**
802 – 811 **Nikephoros I.**
811 **Staurakios**
811 – 813 **Michael I.** Rhangabes
813 – 820 **Leon V.**
820 – 829 **Michael II.**
829 – 842 **Theophilos**
842 – 867 **Michael III.**
867 – 886 **Basileios I.**
886 – 912 **Leon VI.**
912 – 913 **Alexander**
913 – 959 **Konstantin VII.** (bis 920 mit Regentschaftsrat, dann bis 945 nur Mitkaiser, seit 945 Alleinherrscher)
920 – 944 **Romanos I.** Lakapenos
944 – 945 **Stephan** und **Konstantin** Lakapenos
959 – 963 **Romanos II.**
963 – 969 **Nikephoros II.** Phokas
969 – 976 **Johannes I.** Tzimiskes
976 – 1025 **Basileios II.**
1025 – 1028 **Konstantin VIII.**
1028 – 1034 **Romanos III.** Argyros
1034 – 1041 **Michael IV.**
1041 – 1042 **Michael V.**
1042 **Zoe** und **Theodora**
1042 – 1055 **Konstantin IX.** Monomachos
1055 – 1056 **Theodora** (nochmals)
1056 – 1057 **Michael VI.**
1057 – 1059 **Isaak I.** Komnenos
1059 – 1067 **Konstantin X.** Dukas
1068 – 1071 **Romanos IV.** Diogenes
1071 – 1078 **Michael VII.** Dukas
1078 – 1081 **Nikephoros III.** Botaneiates
1081 – 1118 **Alexios I.** Komnenos
1118 – 1143 **Johannes II.** Komnenos
1143 – 1180 **Manuel I.** Komnenos
1180 – 1183 **Alexios II.** Komnenos
1183 – 1185 **Andronikos I.** Komnenos
1185 – 1195 **Isaak II.** Angelos
1195 – 1203 **Alexios III.** Angelos
1203 – 1204 **Isaak II.** (nochmals) und **Alexios IV.** Angelos
1204 **Alexios V.** Dukas Murtzuphlos
1205 – 1221 **Theodoros I.** Laskaris
1221 – 1254 **Johannes III.** Dukas Vatatzes
1254 – 1258 **Theodoros II.** Laskaris
1258 – 1261 **Johannes IV.** Dukas Laskaris
1259/1261 – 1282 **Michael VIII.** Palaiologos
1282 – 1328 **Andronikos II.** Palaiologos
1328 – 1341 **Andronikos III.** Palaiologos
1341 – 1391 **Johannes V.** Palaiologos
1341 – 1354 **Johannes VI.** Kantakuzenos (Gegenkaiser)
1376 – 1379 **Andronikos IV.** Palaiologos (Gegenkaiser)
1390 **Johannes VII.** Palaiologos (Gegenkaiser)
1391 – 1425 **Manuel II.** Palaiologos
1425 – 1448 **Johannes VIII.** Palaiologos
1449 – 1453 **Konstantin XI.** Palaiologos

Literatur

Konstantin

Timothy D. Barnes, Constantine. Dynasty, Religion and Power in the later Roman Empire. Chichester 2011.

Klaus Martin Girardet, Der Kaiser und sein Gott. Das Christentum im Denken und in der Religionspolitik Konstantins des Großen (Millennium-Studien, Band 27). Berlin 2010.

Ingemar König, Die Spätantike. Darmstadt 2007.

Karen Piepenbrink, Konstantin der Große und seine Zeit. Darmstadt 2002.

Justinian

Tony Honoré, Tribonian. London 1978.

Helmut Krumpholz, Über sozialstaatliche Aspekte in der Novellengesetzgebung Justinians. Bonn 1992.

Hartmut Leppin, Justinian. Das christliche Experiment. Stuttgart 2011.

Mischa Meier, Justinian. Herrschaft, Reich und Religion. München 2004.

Kaiser und Kirche

Ralph-Johannes Lilie, Byzanz. Kaiser und Reich, Köln/ Weimar/Wien 1994.

Bernd Schneidmüller, Die Kaiser des Mittelalters. Von Karl dem Großen bis Maximilian I. 3. Auflage, München 2012.

Peter Schreiner, Byzanz 565 – 1453. 4. Auflage, München 2011.

Gräzisiertes Imperium

Michael Angold, Church and Society in Byzantium under the Comneni. 1081 – 1261. Cambridge 1995.

John F. Haldon/Leslie Brubaker, Byzantium in the Iconoclast Era. C. 680 – 850. A History. Cambridge 2011.

Ralph-Johannes Lilie, Byzanz und die Kreuzzüge. Stuttgart 2004.

Hofzeremoniell

Franz Alto Bauer (Hrsg.), Visualisierungen von Herrschaft. Frühmittelalterliche Residenzen. Gestalt und Zeremoniell (Internationales Kolloquium 3./4. Juni 2004 in Istanbul). Istanbul 2006.

Gilbert Dagron, Emperor and Priest. The Imperial Office in Byzantium. Cambridge 2003.

Wolfgang Müller-Wiener, Bildlexikon zur Topographie Istanbuls. Byzantion, Konstantinupolis, Istanbul bis zum Beginn des 17. Jahrhunderts. Tübingen 1977.

Metropole des Mittelalters

Peregrine Horden, Hospitals and healing from Antiquity to the later Middle Ages. Aldershot-Burlington 2008.

Ewald Kislinger, Lebensmittel in Konstantinopel, in: Klaus Belke u. a., Byzantina Mediterranea. Wien/Köln/Weimar 2007. Seite 303 – 318.

Paul Magdalino, Studies on the history and topography of Byzantine Constantinople. Aldershot-Burlington 2007.

Wolfgang Müller-Wiener, Die Häfen von Byzantion – Konstantinupolis – Istanbul. Tübingen 1994.

Peter Schreiner, Konstantinopel. Geschichte und Archäologie. München 2007.

Byzantinische Kunst

Beat Brenk (Hrsg.), Spätantike und frühes Christentum (Propyläen Kunstgeschichte, Supplementband 1). Frankfurt/Berlin/Wien 1977.

Anthony Cutler/Jean-Michel Spieser, Das mittelalterliche Byzanz 725 – 1204. München 1996.

Kunst- und Ausstellungshalle der Bundesrepublik Deutschland (Hrsg.), Byzanz. Pracht und Alltag (Katalog zur Ausstellung in Bonn 26. Februar – 13. Juni 2010). München 2010.

Wolfgang Fritz Volbach/Jacqueline Lafontaine-Dosogne (Hrsg.), Byzanz und der christliche Osten (Propyläen Kunstgeschichte, Band 3). Berlin 1968.

Lateinisches Kaiserreich

Franz Grabler (Übers.), Die Kreuzfahrer erobern Konstantinopel. Die Regierungszeit der Kaiser Alexios Angelos, Isaak Angelos und Alexios Dukas, die Schicksale der Stadt nach der Einnahme sowie das „Buch von den Bildsäulen" (1195 – 1206) aus dem Geschichtswerk des Niketas Choniates. Die Palastrevolution des Joannes Komnenos/Nikolaos Mesarites. 2. Auflage, Graz/Wien/Köln 1971.

Michael Jacoff, The Horses of San Marco and the Quadriga of the Lord. Princeton 1993.

Gerhard E. Sollbach (Übers.), Chroniken des Vierten Kreuzzugs. Die Augenzeugenberichte von Geoffroy de Villehardouin und Robert de Clari. Pfaffenweiler 1998.

Untergang

Ralph-Johannes Lilie, Byzanz. Das zweite Rom. Berlin 2003.

Donald M. Nicol, The Last Centuries of Byzantium. 1261 – 1453. 2. Auflage, Cambridge 1993.

Steven Runciman, Die Eroberung von Konstantinopel 1453. München 1977.

Stefan Zweig, Der Untergang von Byzanz, in: Sternstunden der Menschheit. Erweiterte Ausgabe. Stockholm 1943.

Was von Byzanz blieb

Dilek Güven, Nationalismus und Minderheiten. Die Ausschreitungen gegen die Christen und Juden der Türkei: 6./7. September 1955. München 2012.

Christine May Philliou, Biography of an Empire. Governing Ottomans in an Age of Revolution. Berkeley 2010.